엄마의
말하기 공부

육하고 짜증 내고 한숨 쉰 부모에게 필요한
34가지 존중 육아 비법

엄마의
말하기 공부

지에스더 지음

빌리버튼

아이를 사랑해서 한 말,
그 말이 아이 마음에 상처가 되었습니다

"오늘 엄마한테 서운한 거나 속상한 거 있었어?"

잠자려고 누워서 두 아이와 잠자리 대화를 시작했다. 둘째 아이가 손을 번쩍 들었다.

"저요! 오늘 유치원 끝나고 나와서 선생님한테 다시 가서 인사하고 싶었는데 엄마가 못 하게 해서 서운했어요."

"그랬어? 그게 서운했구나. 엄마가 지민이 마음을 몰라줬네."

"네, 선생님 얼굴 보고 주말 잘 보내세요 말하고 싶었어요."

"그렇구나. 지민이가 오늘 그래서 속상했구나."

'네가 선생님께 마지막으로 인사하겠다고 밖에 나왔다가 유치원으로 들어간 걸 세 번은 반복했어. 그렇게까지 해줬는데 한 번 더 못하게 한 게 서운하다고? 어떻게 그럴 수가 있어!'

이 말은 내가 속으로만 외치고 내뱉지 않았다. 할 말이 정말 많았으나 아이가 서운한 것을 충분히 말할 수 있도록 했다. 내가 하고 싶은 말은 속으로만 실컷 했다. 하고 싶은 말을 늘어놓지 않게 된 건 그동안 아이를 사랑한다면서 했던 말이 아이의 마음에 상처를 주었다는 것과 우리의 관계를 멀어지게 하고 있다는 것을 알게 되었기 때문이다. 그 후로 아이가 서운하고 속상한 감정을 표현할 때는 최대한 말을 줄이고 맞장구를 치며 들어준다.

처음부터 두 아이에게 이렇게 할 수 있었던 것은 아니었다. 나는 첫째 아이가 10살, 둘째 아이가 6살이 될 때까지 아이의 말을 잘 들어주고 나름 공감도 잘하는 엄마라고 생각했다. 물론 아이에게 화를 낼 때도 많았고 둘째 아이와는 싸우는 게 일상이었다. 그래도 아이에게 사랑을 자주 표현하려고 애썼고 최대한 아이가 원하는 것을 들어주려고 했다. 내가 화를 내며 심하게 말할 때도 있지만 아이를 사랑하니까 다 괜찮을 거라고 생각했다. 그 모든 게 이 책을 쓰면서 와장창 무너졌다.

'엄마와 아이가 좋은 관계를 맺는 말'에 대한 책을 쓰기로 했을 때 나는 아이와 좋은 관계를 만들 수 있는 절호의 기회라는 생각이 들었다. 부모와 아이의 관계가 좋아지거나 무너지는 것은 '말'

에 달렸다. 책을 쓰려고 준비할 때 첫째 아이에게 물어봤다.

"지금까지 엄마가 한 말 중에 상처가 된 게 있어?"

첫째 아이는 곰곰이 생각하더니 하나씩 꺼내놓았다.

"엄마가 내가 게임 다하고 또 했다고 의심하고 추궁하면서 말할 때요. 그리고 같은 말 반복할 때요. 한 번만 말해도 알아듣는데 계속 말하면 듣고 싶지 않아요. 나를 못 믿는 거 같아요. 또 있다. 엄마한테 힘들다고 했는데 그게 뭐가 힘드냐고 화낼 때도요. 나도 진짜 힘들어서 말한 건데…."

곁에서 듣고 있던 둘째도 덩달아 말했다.

"엄마는 안아달라고 하는데 안 안아줘요. 자꾸 나 놓고 간다고 말해요. 내 말도 끝까지 듣지 않아요. 오빠 말만 들어요."

"엄마가 그렇게 했을 때 마음이 어때?"

"슬프고 안 좋아요!"

내가 제법 잘하고 있다고 생각한 육아의 민낯이 드러났다. 내가 기분과 몸 상태에 따라 아이들의 말에 다르게 반응할 때마다 아이들은 엄마에게 사랑받는다고 느끼지 못했다. 나 역시 자기 전에 부족한 엄마라며 자책했다. 이렇게 가다가는 아이와 좋은 관계를 맺기는커녕 '엄마는 나를 이해하지 못해, 엄마랑 이야기하기 싫어.'하며 아이가 입을 다물 판이었다. 나는 망치로 머리를 맞은 것 같았다. '이 책을 쓰는 건 나와 아이를 살리기 위해서인가?'

하는 생각이 들 정도였다.

글을 쓰면서 나부터 바뀌어야겠다고 다짐했다. 아이에게 잔소리를 하는 대신 내 말을 하나씩 고치는 데 힘쓰고 공부한 것을 실제로 삶에 적용하려고 했다. 글을 쓰는 내내 두 아이의 도움을 많이 받았다. 다음 날 책에 쓰려고 생각해 놓은 주제가 있으면 아이들에게 물어봤다.

"엄마가 아침에 빨리빨리 해! 말하면 기분이 어때?"

"한번은 괜찮은데 계속 말하면 더 하기 싫어요."

"아, 그렇구나."

우리 아이들은 내가 물어볼 때마다 기분이 어떤지, 어떤 말을 듣고 싶은지 말해주었다. 이런 말은 좋고 이런 말은 별로라며 솔직하게 표현해준 두 아이 덕분에 이 책을 다 쓸 수 있었다. 책을 쓰면서 우리 가정에는 큰 변화가 생겼다. 첫째 아이가 느낀 것을 솔직하게 말하기 시작했고, 두 아이와 자기 전에 오늘 있었던 일, 엄마에게 서운했던 일을 말하는 시간을 갖게 되었다.

나는 유독 아이가 힘들다고 하는 말을 들어주는 게 어려웠다. 자기 전에 힘들었던 일을 이야기하기보다는 그날 있었던 감사한 일을 이야기하는 게 좋다고 생각했다. 힘든 것을 말하다 보면 남을 탓하고 불평만 하는 아이로 자랄까 봐 걱정스러웠다.

하지만 과한 걱정이었다. 아이는 속상한 마음을 엄마가 잘 들어주자 금방 털어내고 잠도 잘 잤다. 아이는 사랑하는 엄마에게 이야기하고 마음이 편해지는 것으로 만족했다. 아이들을 지켜보면서 육아에서 '말'이 얼마나 큰 영향을 주는지 깨달았다.

《엄마의 말하기 공부》에는 상황별로 아이와 관계를 해치지 않고 대화할 수 있는 여러 표현을 다루고 있다. 관계의 핵심은 아이의 마음에 있는 정서 통장이다. 아이에게는 저마다 정서 통장이 있다. 통장에 돈이 많으면 마음이 넉넉해지지만 통장에 잔고가 점점 줄어들면 예민해진다. 이처럼 아이의 정서 통장에 엄마가 채워준 사랑의 잔고에 따라 아이의 자존감, 회복 탄력성이 영향을 받는다. 사랑, 감사, 안전, 공감, 친절의 말은 들으면 들을수록 아이의 정서 통장에 사랑이 채워진다.

이와 반대로 협박과 벌, 아이가 원하지 않는 충고와 조언, 아이의 겉모습만 보고 내리는 판단과 평가, 아이와 다른 사람을 비교하고 무시하는 말, 아이를 비난하고 비판하는 말은 아이의 정서 통장에서 사랑을 빼낸다. 이런 말을 들으면 들을수록 아이의 기분이 나빠지고 마음의 문이 닫힌다. 아이를 키우며 맞이하는 상황별로 정서 통장에서 출금하는 말, 그 말을 들었을 때 아이가 느끼는 감정을 먼저 설명했다. 그다음 아이의 정서 통장을 채워주는 말을 다루었다. 어떤 말이 아이의 마음을 상하게 하는지 깨닫고 엄마의 말을 정서 통장을 채우는 말로 바꿀 수 있게 될 것이다.

육아는 아이를 건강하게 독립시키는 긴 여정이다. 《엄마의 말하기 공부》는 아이에게 자존감, 자기 조절력과 책임감, 다른 사람과 건강한 관계 맺는 법을 길러줄 수 있는 흐름으로 이어진다. 가정에서 기본을 탄탄히 쌓아 나갈 때 아이는 건강한 어른으로 자랄 것이다.

《엄마의 말하기 공부》에서 소개하는 정서 통장을 채우는 말을 각 가정에 맞는 표현으로 바꾸면 더 좋겠다. 아이마다 타고난 성향이 달라서 같은 상황에서 엄마에게 듣고 싶은 말이 다를 수 있다. 아이에게 이런 상황에서는 마음이 어떤지, 엄마에게 어떤 말이 듣고 싶은지, 어떤 말을 들으면 마음이 편안해지고 엄마에게 사랑받는다고 느끼는지 물어보자.

엄마는 아이를 키우느라 자신을 돌보는 것에 소홀해질 수 있다. 하지만 엄마도 사람이다. 에너지는 쓰면 쓸수록 고갈된다. 내가 피곤하고 힘들면 좋은 말을 해주고 싶어도 나오지 않는다.

엄마의 몸과 마음이 편안한 것이 먼저다. 그러기 위해서 엄마가 자신에게 들려주면 좋을 말을 함께 담았다. 육아하며 마음이 너무 힘겨울 때는 '엄마의 마음 돌보기'를 읽으면서 자신을 다독여주자.

이 책을 쓸 수 있도록 제안해 주신 빌리버튼 출판사 대표님께 감사한 마음을 전한다. 책을 쓰는 동안 마음을 열어 준 첫째 아이 하민, 둘째 아이 지민이에게 고맙다. 아이들 덕분에 책을 쓰는 긴 여정에 마침표를 찍을 수 있었다. 또 어려운 형편에도 나를 잘 키워주신 부모님과 두 아이 키우면서 일하고 글 쓰느라고 애쓴다고 말씀해 주신 시부모님께 감사하다. 언제나 내 편 되어주는 남편에게 고맙다.

《엄마의 말하기 공부》를 읽어주시는 독자분이 있어서 책이 세상에 나올 수 있었다. 이 책이 아이와 좋은 관계를 맺는 데 작은 도움이 되면 좋겠다. 아이들이 사랑받고 있다고 느낄 수 있도록 부모와 아이가 한 팀이 되어서 정서 통장을 채우는 말, 사랑의 말 사전을 만들어 보길 바란다. 이 책이 가정에서 사랑의 언어를 만드는 데 나침반처럼 쓰일 수 있다면 좋겠다.

"그러므로 무엇이든지 남에게 대접을 받고자 하는 대로 여러분도 남을 대접하십시오."

《성경》에 나온 말이다. 우리는 어른이 되었으나 여전히 다른 사람에게 사랑받고 대접받고 싶다. 아이 역시 마찬가지다. 늘 부모에게 사랑받고 싶다. 아이는 부모가 주고 싶은 사랑이 아니라 아이가 받고 싶은 형태로 받아야 사랑받는다고 느낀다. 그 사랑은 부모가 하는 말에서 시작된다. 사랑을 받고 싶어 하는 아이에게 정서 통장을 채워주는 말을 지금 바로 들려주자. 이건 돈도, 시간도 들지 않는다.

어떻게 사랑을 표현해야 좋을지 잘 모르겠다면 아이에게 물어보면 된다. 언제나 우리 아이에게 답이 있다. 나 역시 지금도 노력하고 있다. 그 여정에 함께해 주시는 여러분을 무한응원한다.

사랑과 감사를 담아

지에스더

차례

1장

사랑하는
아이에게
말로
상처주고
있다면?

다 너 잘되라고
하는 말이었어

"엄마는 나 사랑해요?"

여섯 살 둘째 아이가 울면서 물었다. 약을 먹지 않는 아이와 실랑이를 벌이다 마지막으로 약을 먹이려고 할 때였다. 나는 무표정하고 차가운 말투로 대꾸했다.

"그럼, 엄마가 너 사랑하지. 왜 그런 걸 물어?"

그 말을 듣고 아이는 입을 다물었다.

둘째가 아침부터 열이 나고 기침을 하길래 병원에 가서 약을 지어왔다. 점심 약은 달래서 겨우 먹였지만 저녁 약은 입을 다물고 절대 먹지 않으려고 했다. 이런저런 방법을 다 동원해서 아이에게 약을 먹이기 위해 노력했다.

"약 먹고 책 읽어줄게. 무슨 책 읽을까?"

"오빠가 게임 하는 거 보고 싶지 않아? 얼른 약 먹고 보자. 오빠에게 약 먹고 올 때까지 기다리라고 했어."

아무리 어르고 달래도 아이는 약을 먹으려 하지 않았다. 나는 허락을 기다리던 첫째 아이에게 게임을 해도 좋다고 말했다. 그러면 둘째 아이가 마음이 급해져서 약을 먹을 거라고 예상했다. 내 예상은 보기 좋게 빗나갔고 약을 먹기는커녕 게임을 하러 들어간 오빠를 보더니 크게 울기 시작했다.

"싫어. 먼저 보지 마!"

"싫어? 그럼 얼른 약 먹고 봐."

그 말을 들은 둘째 아이는 오빠가 있는 방에 다가가서 방문을 발로 계속 찼다.

"발로 문 차는 거 아니야."

아이를 데리고 다른 방으로 들어가자 아이는 나를 발로 차고 손으로 꼬집었다. 나는 아이가 몸을 움직이지 못하도록 꽉 잡았는데 아이는 꺼이꺼이 소리를 내며 한참 울었다. 그리고는 "엄마 때리지 않을게요." 말했다. 그제야 나는 잡고 있던 아이의 몸을 놔주었다. 그 뒤로도 약을 먹이려고 한참을 더 씨름했다. 아이가 먹겠다고 해서 약을 먹이려고 하면 입을 다물었다. 인내심이 점점 바닥났다.

"이럴 거면 약 먹지 마. 오늘 약 안 먹었으니까 너는 혼자 자. 기침하고 열 나서 엄마랑 같이 잘 수 없어."

내 말을 듣고 아이는 절규했다. 나는 우는 아이를 그대로 둔 채 첫째 아이와 방에 들어가서 문을 닫았다. 아이가 와서 문을 열려고 해도 열어주지 않았다. 아이는 울면서 약을 먹겠다고 했다.

"대체 왜 이걸로 고집을 부리는 건데? 약 먹고 빨리 나으면 얼마나 좋아. 너도 좋고, 엄마도 좋고. 이런 거로 왜 엄마를 힘들게 하는데?"

아이에게 약을 먹이면서 잔소리를 늘어놓았다. 갑자기 아이는 먹던 약을 다 토했고 기가 막혀서 아이가 꼴도 보기 싫어졌다. 나는 아이가 바닥에 토해낸 약을 닦으며 말했다.

"지금까지 약 안 먹겠다고 한참을 버티더니 기껏 먹은 걸 다 토해내고! 너무 화가 나. 엄마는 지민이 진짜 싫어. 너무 싫어."

나는 그렇게 말하면서 약을 다시 탔다. 한 번 토한 뒤로 아이는 결코 약을 먹으려 하지 않았다. 아이가 먹겠다고 말해서 약을 주면 다시 입을 다물었다. 얼마나 실랑이를 했는지 나는 아이의 고집에 두손 두발을 다 들었다. 결국 약을 먹이는 걸 포기했지만 저녁 내내 나를 힘들게 했던 아이에게 화가 났다. 그때쯤 퇴근한 남편이 집에 왔다. 남편에게 떠넘기듯 아이를 맡기고 나는 방으로 들어갔다. 모진 말을 남기면서.

"약 먹지마. 그리고 너는 혼자 자. 엄마는 오빠랑 잘 거야."

나는 밤새 잠을 이루지 못했다. 둘째 아이는 약을 먹고 싶지 않을 때, 토했을 때, 엄마가 혼자 자라고 할 때도 엄마의 사랑을 확인하고 싶었을 것이다. 내가 아이가 얼른 낫기를 바라는 마음으로 약을 먹이려고 애쓰는 동안 아이는 내 말에 상처를 입었다. 그 결과 아이는 엄마의 사랑이 그대로인지 확인하고 싶어 했다.

모든 부모는 아이를 사랑하고 아이에게 제일 좋은 것을 주고 싶어 한다. 아이가 아프면 차라리 대신 아파주고 싶고, 갖고 싶어 하는 건 뭐든 사주고 싶다. 좋은 곳에 데려가고 싶고, 맛있는 음식을 먹이고 싶다. 아이가 건강하고 행복하게 자랐으면 해서 할 수 있는 모든 것을 다 해주고도 부족함을 느낀다.

한편 아이를 보면 자꾸만 걱정스럽고 내가 가진 단점이 아이에게서도 보일 때 불안해진다. 나를 닮아서 아이도 힘든 경험을 하게 될까 봐 안쓰럽다. 아이는 나보다 더 행복하게, 내가 누리지 못했던 것을 다 누리면서, 하고 싶은 것을 다 하면서 살았으면 좋겠다.

그러다 보면 아이에게 자꾸 이런저런 말을 하게 된다. 아이가 더 잘되기를 바라는 마음에 하는 그 말에서 아이가 사랑을 느끼지 못했을 때 문제가 생긴다. 아이는 엄마는 좋지만 잔소리는 싫고 알아들었으니 그만 좀 했으면 좋겠다고 생각한다. 그러면서 엄마가 좋다가 싫기도 한 양가감정을 느낀다. 아이는 엄마가 미울 때 자기가 문제라고 생각한다. '내가 잘못해서 엄마가 화를 내

는구나.', '내가 부족해서 엄마가 나를 사랑하지 않는구나.' 하고
말이다.

둘째 아이와 내가 좋아하는 그림책이 있다. 바로 백희나 작가
의 《알사탕》이다. 첫째 아이에게 읽어주는 것을 곁에서 듣던 둘
째 아이가 어느 날부터 그 책을 읽어달라고 가져왔다. 둘째 아이
는 동동이의 아버지가 집에 들어와서 아들 동동이한테 하는 말이
가득 담긴 페이지를 제일 좋아했다. 어떤 날은 그 페이지를 가장
먼저 펼쳐서 읽어달라고 했다. 특히 내가 아빠의 말을 막힘 없이
읽을 때 재밌다며 깔깔 웃었다. 그 부분을 랩을 하듯이 빠르게 읽
어줄 수 있는 건 내가 아이에게 늘어놓는 잔소리가 그 안에 고스
란히 담겨있기 때문이었다.

부모는 아이를 사랑한다. 하지만 아이가 사랑받는다고 느끼지
못하면 부모가 표현 방법을 바꿔야 한다. 여기에서 말이 가진 힘
이 드러난다. 아이는 부모의 말투, 태도, 표정에서 자기가 사랑받
는지, 아닌지를 느낀다. 부모가 아이를 사랑하는 마음이 아무리
커도 말하는 방식에 따라 그 사랑이 아이에게 전달되지 않을 수
있다. 우리도 어릴 때 그렇지 않았는가. 부모님이 나를 사랑한다
는 것을 머리로는 알아도 차가운 말투, 무표정한 얼굴에서 사랑을
느끼지 못했다.

"엄마가 너 잘되라고 그러지. 너 잘못되라고 그러겠니?"

그러나 엄마의 말은 나를 진짜 사랑해서 하는 말이 아니라 엄마를 위해서 하는 말로 들렸다. 오히려 반항하는 마음이 들었다. 또 "내가 너를 생각해서 하는 말인데."라는 말로 시작하는 충고도 싫어했다. 엄마의 말이 사랑은커녕 그저 날카롭고 차갑게 공격하는 말로 다가왔다.

아무리 좋은 의도로 한 말이어도 상대방이 받아들이지 않으면 소용없다. 그런데 아이가 부모가 잘되라고 한 말을 그저 잔소리로만 듣는다면? 아이가 부모에게 사랑받는다고 느끼지 못한다면? 그 말이 아이와의 관계에 무슨 도움이 되겠는가. 그렇게 서로의 마음이 어긋난 채로 시간이 흐를수록 관계는 점점 멀어지기만 할 뿐이다.

"저 레일은 두 줄로 뻗어갈 뿐이지 영원히 만나지도, 합해지지도 못하게 돼 있소."

조정래 작가의 대하소설 《태백산맥》에 나오는 말처럼 부모와 아이 사이가 기차 레일처럼 평행선으로 나뉘기도 한다. 사이가 멀어지지 않으려면 무엇보다 아이가 엄마의 사랑을 느낄 수 있도록 말하는 것이 중요하다. 엄마가 하는 말은 크게 두 가지로 나뉜다. 아이의 마음속에 있는 정서 통장을 채우는 말과 빼먹는 말이다.

통장에 돈이 많으면 어떤 기분이 드는가? 어려운 일이 있어도 해결할 수 있다는 생각이 들 것이다. 부모는 아이가 어려움에 쉽게 흔들리지 않도록 마음속 정서 통장을 빵빵하게 채워줘야 한다. 통장을 채우고 비우는 일은 말에 달려있다. 아이의 정서 통장에 긍정적인 말이 많이 채워질수록 아이는 사랑받는다고 느낀다. 그 힘으로 아이는 자신에게 닥친 힘겨운 상황을 이겨나갈 수 있다.

지금까지 아이에게 말로 얼마나 많은 상처를 주었나 돌아보자. 엄마의 사랑이 아이에게 제대로 전해지지 않는다면 표현 방식을 바꾸면 된다. 아이를 바꾸겠다고 잔소리하기 전에 나를 바꾸는 게 더 쉽다. 아이를 바꾸는 일은 뜻대로 잘되지 않는다. 그 힘을 노력하면 충분히 바꿀 수 있는 나에게 투자하는 것이 낫다.

아이의 마음을 채우는 한 마디

"엄마는 너를 정말 사랑해."

아이를 정말 사랑하는데 굳이 말로 표현해야 할까? 그렇다. 말하지 않으면 상대방은 그 마음을 모른다. 엄마가 말로 표현할 때 아이는 그 사랑을 더욱 잘 느낀다. 아이에게 가벼운 스킨십을 하며 사랑한다고 말하면 아이는 엄마의 사랑을 더 잘 느낄 수 있을 것이다.

"아이가 내 말에서 사랑을 충분히 느낄 수 있도록 말할 거야."

어떤 상황에서도 할 수 있는 일을 선택하고 내가 바꿀 수 있는 것에 집중한다. 그중 하나는 아이에게 하는 말이다. 엄마는 아이를 사랑하는 힘으로 뭐든 할 수 있다. 아이가 엄마의 사랑을 충분히 느끼도록 '엄마의 말하기'를 공부하자. 무엇을 시작하든 오늘이 내 인생에서 제일 빠른 날이다.

엄마가 자라면서
듣지 못했던 말

"엄마 안아주세요."

둘째 아이가 차에서 한바탕 울고불고 떼쓰고 난 뒤에 말했다. 나는 그런 아이를 바로 안아줄 마음이 들지 않았다. 아이의 짜증과 떼에 이미 지칠대로 지쳐서 몸에 힘도 없었다.

둘째 아이는 어린이집 졸업을 하루 앞두고 있었다. 3월에 병설 유치원에 입학해야 하는 아이는 어린이집을 졸업하는 게 아쉬웠나 보다. 어린이집 건물을 하염없이 바라보다가 조금 뒤에 차에 올라탔다.

"엄마, 어린이집을 더 보고 가고 싶어요."

"그래? 그럼 1분 더 보고 가자. 지금 37분이니까. 38분에 출발하는 거야."

아이는 내 말에 고개를 끄덕이곤 조용히 어린이집 입구를 바라봤다.

"엄마, 38분 됐어요."

"그래? 그럼 출발할게."

출발하려는데 아이가 다급하게 말했다.

"엄마, 1분만 더 보고요."

"1분 봤잖아. 이제 집에 가자."

첫째 아이가 학교를 마치고 집에 오고 있을 시간이라 빨리 집에 도착해서 아이를 맞이하고 싶었다. 그날은 첫째 아이가 태권도장에서 승급심사가 있는 중요한 날이었고, 태권도 학원에 가기 전에 배웅해주고 싶었다. 하지만 둘째 아이는 내 마음도 모르고 집에 가자는 말을 거절했다.

"싫어요. 더 볼 거예요."

"오빠가 곧 집에 올 거야. 우선 집에 가고 내일 와서 또 보자."

그렇게 말하면서 재빨리 집으로 출발했다. 그때부터 차 안에서 긴 실랑이가 시작되었다. 아이는 소리를 고래고래 질렀다.

"가지 마! 어린이집 더 보고 싶어. 집에 가기 싫다고!"

나는 아이가 떼쓰기 시작하는 것을 가볍게 무시했고 아이는 발로 앞 좌석 의자 시트를 여러 번 찼다. 운전 중에 아이가 나를 건드리자, 아이의 위험한 행동에 화가 났다.

"움직이면 위험해. 가만히 앉아있어."

하지만 내 말을 듣고도 아이는 멈추지 않았다. 끓어오르는 분노를 누르며 주차까지 마치고 뒷자리로 가서 아이를 잡으려고 하니 아이는 나를 때리고 꼬집었다. 가까스로 아이의 몸을 잡자 아이는 발버둥 치며 계속 소리를 질렀다. 귀는 아프고 아이를 잡느라 힘을 잔뜩 준 터라 땀이 났다. 아이는 울고불고해서 눈이 빨갛게 되었다. 한참 힘겨루기를 한 끝에 힘을 빼면서 아이가 말했다.

"엄마, 안아주세요."

아이를 잡고 있었음에도 나는 바로 안아줄 수 없었다. 울고 난 뒤에 아이의 마음을 다독여주어야 한다는 건 알고 있었다. 하지만 나를 힘들게 한 아이에게 괜찮다고 말해주지도, 꼭 안아주지도 못했다.

나에게서 우리 엄마의 차가운 모습이 보였다. 어린 시절 들었던 엄마의 말투, 표정이 내 모습에서 되살아났다. 아이를 낳으면 엄마와 다르게 키울 거라고 굳게 다짐했지만 그 영향을 벗어나지 못하고 있었다.

나는 초등학생 때 엄마보다 할머니를 더 좋아했다. 어릴 때는 할머니 댁에도 자주 갔고 초등학교에 들어가서도 방학이 되면 할머니 댁에 가서 지냈다. 할머니는 늘 다정하게 대해주셨고 함께 지내면서 정말 즐거웠다. 할머니와 같이 살고 싶어서 개학할 때가 되어 집으로 가는 날은 계속 울었다. 집에 돌아가서도 며칠 동안은 눈물이 멈추지 않았다. 엄마는 내가 울고 있으면 달래주지도, 마음이 어떤지 물어보지도 않았다. 오히려 울음을 멈추지 않으면 혼난다고 겁을 주었다.

"너 자꾸 울면 다음에는 할머니네 안 보낸다. 그만 울어."

엄마는 긴 몽둥이를 내 옆에 두고 말했다. 운다고 맞고 싶지 않았는데 울음을 멈출 수 없었다. 눈물이 나오고 또 나왔다. 밤에 자려고 누워서는 이불 속에서 숨죽여 울었다. 그저 할머니가 보고 싶다는 마음뿐이었다.

어릴 때는 보고 싶거나 속상한 마음을 단순하게 울음으로 표현했다. 내 마음을 어떻게 말해야 하는지 몰랐다. 부모님의 눈에는 맨날 울기만 하는 이해할 수 없는 딸이었다.

"울면 안 돼, 울면 안 돼. 산타할아버지는 우는 아이에게 선물을 안 주신대."

"외로워도 슬퍼도 나는 안 울어."

어릴 때 자주 불렀던 노래 가사는 울지 않는 게 착한 아이라는 생각을 하게 했다. 사실 울고 있는 내게 정말 필요했던 건 엄마의 따스한 품과 속상한 마음을 알아주는 말이었다. 엄마에게 위로의 말과 포옹을 받지 못해서 어른이 되어서는 다른 사람을 안아주는 게 너무 어색했다.

둘째는 어릴 때부터 유독 "안아주세요."라는 말을 잘했다. 특히 떼쓰고 울면서 안아달라는 말을 더 많이 했다. 평소에는 아이를 많이 안아주려고 노력했지만 울면서 떼쓰는 아이는 차마 안아주지 못했다. 머리로는 알고 있었다. 아이를 안아주어야 한다는 것을. 그렇지만 몸이 굳어서 움직이지 않았다. 그럴수록 아이는 더 많이 안아달라고 말했다.

화가 수그러들고 난 뒤에는 아이를 제때 안아주지 못한 게 미안했다. 내가 자라면서 듣지 못하고, 받지 못했던 것은 아이와 문제 상황에서 말과 행동으로 나오지 않는다. 경험이 없기 때문이었다.

"엄마가 너를 키울 때는 배부르게 먹이고 잘 입히기만 하면 되는 줄 알았어."

어린 시절 어렵게만 살았던 엄마는 자기가 누리지 못했던 것을 딸에게 다 해주고 싶어 하셨다. 내가 어릴 때 우리 집의 형편은 아주 어려워서 먹이고 입히는 것도 엄마가 원하는 만큼 해주기 힘들었다. 엄마 역시 위로받지 못하고 자란 외로운 어른이라 울고 있는 아이의 마음과 감정을 다독이는 법을 몰랐다. 그러니 그저 자식을 잘 입히고 먹이는 것에 최선을 다하신 거였다. 그게 엄마가 할 수 있는 노력이었다.

"하지만 당신 나이는 사십입니다."

"그러니까 더 늦기 전에 시작해야지요."

서머싯 몸William Somerset Maugham의 《달과 6펜스》 소설에 나오는 대화다. 엄마의 따뜻한 말이 필요했던 꼬마는 어느새 40대이자 두 아이의 엄마가 되었다. 어릴 때 내가 경험하지 못해서 아이에게 해줄 수 없는 말이 있다. 그럴지라도 과거에만 매여있을 수 없다.

아이를 대하는 태도는 공부하면 바꿀 수 있다. 과거는 바꿀 수 없지만 미래는 바꿀 수 있으니까 울고 떼쓰는 아이의 마음을 헤아리고 한 번 더 안아주자.

아이를 바라보는 눈빛과 울고 떼쓰는 아이를 안아주는 것은 내 노력으로 할 수 있는 일이다. 우리 엄마가 자라면서 듣지 못했던 말은 내게 해주지 못했지만 그 상황에서도 최선을 다해 나를 키워서 지금의 내가 있다.

아이에게 해주면 좋은 말, 친절하고 다정한 말을 자연스럽게 할 수 있을 때까지 반복해서 연습하자. 지금 아이에게 사랑을 표현해 보면 어떨까?

"속상했구나. 이리와. 엄마가 안아줄게."

아이가 울고 난 뒤에 바라는 것은 엄마의 따뜻한 품이다. 아이는 떼쓰고 짜증 내고 나면 엄마에게 위로받고 싶어 한다. 아이의 속상한 마음은 안아주고 다독여주는 엄마의 손길과 괜찮냐고 묻는 다정한 말로 채워줄 수 있다.

"괜찮아. 지금부터 시작하면 돼."

처음부터 완벽한 엄마는 없다. 육아는 엄마와 아이가 함께 성장하는 시간이다. 부족한 것은 공부하고 연습하면 된다. 우리는 완벽하게 좋은 엄마가 될 필요는 없다. 아이에게 어제보다 오늘 더 사랑의 말을 해주는 엄마가 되자. 아이에게 사랑을 표현하기 위해 책을 읽고 다정한 말을 연습하는 당신은 이미 충분히 멋진 엄마다.

3

아이의 날뛰는 감정을
받아주는 일

"첫째도 이 나이 때 울고불고 그랬었나? 기억이 안 나."

"아니, 첫째는 아가 때나 많이 울었지. 3살되고 부터는 별로 안 울었어. 둘째는 3살까지는 많이 안 울더니 4살부터 소리 지르며 울어서 그래. 둘 다 울긴 우는데 시기가 다른 거지."

"아… 맞다. 그랬어. 내가 잊고 있었네."

그날도 나는 둘째 아이가 부정적인 감정을 격하게 표현하는 것에 지쳐서 퇴근하고 돌아온 남편에게 저녁 내내 하소연을 했다. 아이가 유독 더 자주 징징거리고 우는 날이 있다. 그런 날은 해가 저무는 것에 맞춰 내 의지력과 인내심도 사라진다. 낮에 이미 다

써버렸기 때문이다. 의지력은 배터리와 같아서 가득 채워도 쓸수록 조금씩 닳는다. 특히 둘째 아이의 감정이 롤러코스터처럼 바뀌는 날은 배터리가 빨리 바닥난다.

첫째 아이와 둘째 아이는 참 많은 것이 달랐다. 첫째는 24개월 전까지 자주 울었고 12개월까지는 밤마다 잠도 자지 않고 우는 게 일이었다. 아이를 업고 현관문을 나서면 거짓말처럼 울음을 그치는 탓에 밤 중에 아이를 재우려고 아파트 복도를 하염없이 걸어야 했다. 그때는 아이가 밤에 자주 울고 통잠을 자지 않는 것이 힘들었다. 잠을 푹 자보는 게 소원이었고 늘 피곤해서 다크써클이 발바닥까지 내려와 있었다.

또 첫째 아이는 어릴 때 자주 아프고 열도 쉽게 올랐다. '자다가 새벽에 열이 나면 어떡하지.' 걱정하며 잠드는 날이 많아서 주변에 건강한 아이들을 보면 너무 부러웠다. 감사하게도 아이는 자라면서 잔병치레가 줄었다. 초등학교에 들어가서는 크게 아프지도 않아서 병원 갈 일이 정말 많이 줄었다. 아기 때 잠을 안 자서 엄마를 고생시켰지만 성격이 무던한 편이라 아이와 감정적으로 부딪힐 일이 없었다. 일정이 바뀌거나 해야 할 일은 미리 이야기해 주면 잘 이해하고 받아들였다.

둘째를 임신했을 때는 두 아이가 같이 아플까 봐 걱정이 컸다. 내 소원은 아이들이 아프지 않고 건강하게만 크는 것이었다. 둘째는 오빠처럼 자주 아프지 않았고 둘째를 낳고 육아휴직 중에는 아이들이 아파도 감당할만 했다. 그래서 어린이집을 거부하는 첫째와 아직 어린 둘째를 가정 보육으로 3년 동안 키웠다. 걱정했던 것만큼 힘들지 않았고 이미 첫째 아이를 키우며 아이가 아픈 것에 대한 내공이 생긴 것도 있었다.

둘째 아이는 신기하게 신생아 때에도 눈물만 뚝뚝 흘리며 우는 능력이 있었다. 24개월까지 밤에 울지도 않고 잘 먹고 잘 자고 건강했다. 그런데 세 살이 되자 아이가 울기 시작했다. 네 살에는 우는 소리가 커지더니 다섯 살에는 떼쓰고 울고 소리 지르는 날이 많아졌다. 어느새 아이가 아프지 않고 건강하게만 자랐으면 좋겠다는 바람은 머리에서 지워졌다.

'오늘도 아이가 떼를 쓰면 어떡하지.'로 걱정의 내용이 바뀌었다. 평정심을 유지하며 하루를 보내는 것이 힘들었다. 자랄수록 감정을 아주 다양하고 격하게 표현하는 아이는 자기 뜻대로 되지 않으면 바로 감정이 폭발하는 지경에 이르렀다.

아이를 있는 그대로 받아주고 품어주는 것은 생각보다 어려웠다. 머리로는 알고 있었다. 감정에는 '좋다, 나쁘다'가 없다는 것을. 아이가 자라면서 어떤 감정이든 표현하는 것이 건강하다는 것을. 그렇지만 종일 징징거리고, 고래고래 소리 지르며 울고, 생떼를 부리고, 알아듣게 말을 해도 귀를 닫고 듣지 않는 아이를 일관성 있게 대하는 건 너무 어려웠다. 아이가 격해질수록 나도 같이 폭발해버리기 일쑤였다. 그런 날이 매일 반복되었다.

어느 날 내가 운전해서 집으로 오는 길이었다. 둘째 아이가 손에 쥐고 있던 장난감을 떨어뜨렸다.

"엄마, 탱탱볼 떨어졌어요. 주워주세요."

"차가 움직이고 있어서 주울 수 없어. 엄마가 손이 닿지 않아. 차를 세우고 주워줄게."

"싫어! 지금 주워 줘!"

둘째 아이는 장난감을 바로 주워주지 않는다고 고래고래 소리를 지르기 시작했다. 좁은 차 안에서 큰 소리로 우는 걸 듣고 있으니 속이 부글부글 끓었다. 귀를 찌르는 아이의 울음소리에 귀가 아팠지만 울기 시작하면 내가 무슨 말을 해도 소용없으니 입을 다물었다. 입 아프게 말해서 무엇하랴. 아이랑 같이 폭발하지 않기 위해서 심호흡하고 마음을 다잡으며 운전을 했다. 다행히 차를 잠깐 세울 수 있는 넓은 터가 나왔다. 차를 잠깐 멈추고 아이의 장난감을 주워주었다.

"싫어! 오빠가 주워달라고!"

아이는 아까와 다른 말을 하면서 더 크게 울었다. 장난감을 주워달라고 해서 차를 중간에 세우고 주워주었고, 오빠가 주워달라는 말은 한 적도 없었으며, 누가 줍든 그게 왜 울 일인지 아이를 이해할 수 없었다. 말도 안 되는 생떼를 감당하기 버거워서 아이랑 같이 소리를 지르고 싶었지만 어떻게든 참았다.

그날은 아이가 정말 자주 울었다. 아이의 울음과 떼를 하루 종일 겪고 나자 해가 저물 즈음에는 아이의 울음소리가 환청으로 들리는 지경에 이르렀다. 몸과 마음의 피로가 최고조인 이런 날은 다른 날보다 빨리 잠자리에 드는 게 낫다는 걸 그간의 경험으로 알았다. 평소보다 일찍 자려다 보니 자기 전에 아이가 하고 싶다는 것을 다 하도록 허락해 줄 수 없었다. 아이의 의견을 묻지 않고 자기 전에 읽을 책 고르고, 씻는 시간을 정했다.

"내가 할 거야! 엄마 나빠!"

아이는 곧바로 과격해졌다. 또 시작이었다. 도대체 떼쓰기의 끝이 오긴 하는 걸까.

나는 어릴 때 제대로 화를 내보지 못했다. 우리 엄마는 내가 화 내고, 짜증 내고, 울어도 받아준 적이 없었고 오히려 나에게 화를 냈다. 짜증 내고 우는 아이는 착한 아이가 아니라 엄마를 힘들게 하는 아이라고. 엄마가 내 감정을 받아주지 않는 것보다 내게 화를 내는 게 더 힘들어서 나만 화를 내지 않으면 될 일이라고 생각했다.

그러다 보니 화가 났을 때 감정을 건강하게 표현하는 법을 배우지 못했고 어떤 일이 생기면 그냥 내가 참았다. 그게 더 쉬웠다. 남편과의 관계, 직장생활을 할 때, 친구와의 관계에서도 문제가 생기면 나만 참으면 된다고 생각했다.

아이를 키울 때도 마찬가지였다. 아이와 갈등을 만들고 싶지 않아서 문제에 직면하지 않았다. 아이와의 관계에서도 단순하게 내가 참으려 했다. 그러면 문제는 생기지 않으니까. 눈에 보이는 평화만 유지하려고 애썼다.

그러나 아이 앞에서 참는 것은 한계가 있었고 내가 참는다고 문제가 해결되는 것도 아니었다. 아이는 감정을 폭발시키듯 표현했다. 아이의 감정만 중요한 게 아니었다. 엄마도 감정을 솔직하게 애한테 드러내는 것을 연습할 필요가 있었다. 육아는 엄마만 희생해서 될 일이 아니었다. 어렵고 힘들어도 아이와 함께 해결해야 하는 과제였다. 아이가 감정 널뛰기를 할 때 나를 지키며 아이의 감정을 알아주는 것이 필요했다.

"환란이 있을 것을 미리 생각하여 예방하는 것이 재난을 당한 뒤 은혜를 베푸는 것보다 낫다."

다산 정약용의 《목민심서》에 나오는 글이다. 엄마가 아이의 모습을 온전히 품어주지 못할 수 있다. 아이가 한 살이면 엄마의 나이도 한 살 아닌가. 부족하고 미숙한 모습이 있는 것은 당연하다. 그러니 현재 상태를 받아들이고 부족한 엄마라는 자책과 후회를 멈추자.

아이와 부딪히는 상황 중에 엄마의 말이 문제를 더 크게 만들때가 있다. 아이가 떼쓰는 것을 들으며 참고 참다가 아이 앞에서 같이 폭발하는 것은 좋은 모습은 아니다. 엄마가 폭발한다고 해서 아이가 차분해지는 것도 아니다. 오히려 아이에게 화를 내고 난 뒤에는 '왜 그랬을까.' 하는 자책과 후회가 크게 남는다.

감정을 표현하는 것은 힘이 강한 사람이 이기고 약한 사람이 지는 싸움이 아니다. 온몸으로 다양한 감정을 표현하는 아이를 사랑하기 위해서 우리는 감정을 받아주고 표현하는 방법을 배워야 한다. 미리 문제가 생길 수 있는 상황을 생각해보고 연습해두면 직접 아이의 감정을 맞닥뜨렸을 때 큰 어려움 없이 해결할 수 있다. 아이가 성장하는 동안 엄마의 그릇을 함께 키우고 있다고 생각하면 좋겠다.

아이의 마음을 채우는 한 마디

"엄마가 네 울음이 멈출 때까지 옆에서 기다릴게."

아이가 울 때는 저마다 이유가 있다. 하지만 아이가 어릴수록 지금 왜 울고 있는지, 떼를 쓰는지를 설명하기 어렵다. 엄마는 아이에게 울어도 괜찮다는 것을 알려주며 곁에서 울음이 멈추기를 기다려주자. 아이는 감정을 솔직하게 표현하고, 엄마는 아이의 감정을 받아주면 아이는 건강하게 감정을 표현하는 사람으로 자라게 된다.

엄마의 마음 돌보기

"오늘 어떤 감정이 나를 찾아오든 괜찮아.
맞이하고 보내주면 되니까."

"인간의 삶은 여인숙이다.

매일 아침 새로운 여행자가 찾아온다.

기쁨, 슬픔, 비열함 등등.

매 순간 경험은

예기치 못한 방문자의 모습이다.

이들 모두를 환영하고 환대하라!"

〈마라에게 차 대접하기〉라는 시에 나오는 한 구절이다. 이 시를 조용히 읊어보자. 그리고 감정을 내 마음의 집에 찾아온 손님이나 여행객처럼 맞이한다. 그에게 차 한잔을 대접하는 심정으로 대한다. 내 감정을 다루는 연습을하다 보면 아이의 감정은 아이를 찾아온 손님처럼 받아들일 수 있게 된다.

아이의 마음에
두 가지만 채워져도 잘 큰다

내가 21개월일 때 엄마는 남동생을 낳았다. 엄마는 나를 40일 정도 할머니 댁에 맡겨두고 산후조리를 했다. 그 시대에 흔치 않은 일이었다. 나는 영문도 모른 채 덩그러니 할머니의 손에 맡겨졌다.

할머니 댁에 있으면서 내가 하도 우니까 할머니는 나를 업고 슈퍼에 가서 사탕을 하나씩 사주셨다. 그렇게 엄마를 만나는 날까지 하루하루를 보냈다. 할머니 댁에 맡겨졌을 때 나는 기저귀를 뗀 상태였지만 그렇다고 해서 다 자란 것은 아니었다.

21개월 된 아이에게는 엄마의 따뜻한 품이 필요했고 무엇보다 엄마의 사랑이 아이의 몸과 마음을 자라게 하는 때였다. 엄마와 떨어지는 경험을 한 이후로 엄마에게 버림받을지도 모른다는 생각이 내 안에 깊이 자리 잡았다.

"너 저기 다리 밑에서 주워 왔대. 네 엄마가 너를 찾으러 올 거라는데?"

어릴 때 어른들은 나를 놀리면서 말했다. 내 심각한 반응에 어른들은 즐거워했지만 나는 그 말을 들으면 너무 불안해서 울음을 터뜨렸다. 그 모습을 보면서 그들은 짓궂게 말했다.

"얘 봐. 에이 그런 걸로 우냐? 장난이야, 장난. 뚝 그쳐. 과자 사줄게."

나는 혼란스러웠고 정말 심각했다. '우리 엄마가 진짜 엄마가 아니라고? 그러면 누가 내 엄마인가.' 장난스러운 말이 나에게는 결코 가볍게 들리지 않았다. 그 말은 내게 장난이 아니라 마음을 때리는 폭력이 되었다. 우리 엄마는 화가 나면 이런 말도 자주 했다.

"네가 진짜 엄마가 아닌 사람에게 자라봐야 해. 그래야 엄마가 있는 게 얼마나 좋은 건지 알지."

나는 엄마의 말을 이해할 수 없었다. 엄마가 있는데 왜 다른 엄마가 나를 키우는 것을 생각한단 말인가. 엄마는 왜 굳이 일어나지도 않을 일로 나를 불안하게 만드는 건지 알 수 없었다.

"자꾸 그러면 너만 여기에 혼자 두고 간다."

어른들이 아이에게 자주 하는 말 중에 하나다. 아이가 굼뜨거나 뜻대로 움직이지 않을 때 이런 말로 아이가 버림받을까 봐 두려워하는 마음을 건드린다. 아이는 엄마가 나를 버리지 않을 것을 알지만 그 말을 듣는 순간 불안해진다. 때로는 아이가 중간에 멈추어서 떼를 쓰면 아무 말 없이 그냥 가버리기도 한다. 그러면 아이는 울면서 급하게 뛰어온다. 엄마가 정말로 나를 두고 가면 어떻게 하나 하는 두려운 마음이 들기 때문이다. 그럴수록 엄마에게 자꾸만 매달린다.

아이의 두려움을 덮어주는 것은 무엇일까? 바로 '사랑'이다. 두려움의 반대말은 사랑이다.

"사랑은 삶에서 유일하게 진실하고 오래 남는 경험입니다.
관계의 본질이며 행복의 근원입니다."

미국의 정신과 의사인 엘리자베스 퀴블러Elisabeth Kübler-Ross는 《인생 수업》에서 말했다. 타인에게 버림받는 것을 두려워하면 할수록 사랑받으려고 애쓰게 된다. 타인의 반응을 살피며 일희일비하고 좋아하는 사람이 차갑고 냉정한 태도를 보이면 그에게 매달린다. 한편으로는 사랑받지 못할까 봐 걱정한다.

아이가 어릴 때는 더욱 그렇다. 엄마가 화를 내거나 표정이 굳어 있으면 아이는 불안하다. 화난 엄마가 나를 버리겠다고 하면 아이는 자신에게는 힘이 없다고 느끼고 자꾸 엄마의 눈치를 살핀다. 아이는 안전해지고 싶어서 엄마에게 더 붙어 있으려 하고 말을 잘 듣는 착한 아이가 되겠다고 말한다. 아이는 엄마를 화나게 하고 싶지 않고 엄마가 나 때문에 힘들어하는 것을 원하지도 않는다. 그런 마음이 커질수록 아이는 자기 자신과 주변 세상을 탐색하기보다는 엄마의 눈치를 제일 먼저 본다. 엄마가 괜찮다는 것만 하려고 한다.

"당신은 혹시 사랑의 끈으로 아이를 속박하고 있지는 않습니까? 저 아이를 매일같이 부끄럽게 만들고, 또 회의와 인내심으로 저 아이를 더 견디기 힘들게 만들지는 않나요?"

헤르만 헤세Hermann Karl Hesse의 《싯다르타》에 나온 문장은 내 이야기 같다. 엄마가 되어보니 나도 마찬가지다. 엄마가 했던 말을 그대로 아이에게 하고 있다. 의도치 않게 아이가 내 눈치를 보게 만들고, 겁나서 옴짝달싹하지 못하게 한다. 엄마라는 이름으로 아이들을 속박할 때도 있다. 하지만 육아는 아이를 평생 내 곁에 두기 위한 것이 아니다. 아이가 건강한 독립을 할 수 있도록 돕는 기나긴 여정이다. 홀로 드넓은 세상으로 날아갈 수 있도록 말이다.

아이는 가정에서 계속 날개를 움직이는 연습을 해야 한다. 어린 새가 알을 깨고 나와서 날개를 계속 퍼덕이는 것처럼. 어미 독

수리는 새끼가 자라면 절벽에 물고 가서 떨어뜨린다. 하늘 높이 날아오를 수 있도록 말이다. 이때 날개가 하나만 있다면 새는 날 수 없다. 두 날개가 튼튼하게 있어야만 잘 날 수 있다.

이 날개는 무엇일까? 바로 아이의 마음에 깊이 자리 잡은 사랑과 안전에 대한 확신이다. 이 두 가지가 마음에 건강하게 뿌리내릴 때 아이는 자기만의 시간과 속도로 날아갈 수 있다.

1) 나는 사랑 받고 있어

> "사랑은 죽음을 이기고 인생에 의미를 가져오며 불행을 행복으로 바꾼다."

러시아를 대표하는 세계적 문호 레프 톨스토이Lev Nikolayevitch Tolstoy가 《살아갈 날들을 위한 공부》에서 한 말이다. 부모가 아이에게 해줄 것은 어떤 상황에서든 사랑한다고 말하는 것이다. 자주 사랑한다고 말하기, 안아주기, 따뜻한 눈빛으로 바라보기, 시간을 함께 보내기, 아이의 말을 경청하기 등에서 아이는 사랑을 느낀다. 여기에서 중요한 것은 엄마가 아니라 아이가 원하는 방식으로 해주는 것이다. 아이마다 사랑받는다고 느끼는 방식이 다르다. 이를 알기 위해서는 우리 아이의 반응을 관찰하고 확인하는 것이 필요하다.

2) 나는 안전해

"버림받을지도 모른다는 두려움에 시달리면서 아이들이 정
신적으로 성숙하게 자랄 수는 없다."

미국의 정신과 의사인 스캇 펙Morgan Scott Peck이 쓴《아직도 가야
할 길》에 나온 문장이다. 사랑하는 사람에게 버림받을 수 있다는
생각은 타인을 더 의지하게 만든다. 아이는 몸뿐만 아니라 마음
과 정신도 건강하게 자라야 한다. 몸이 자랐다고 해서 어른이 되
는 것은 아니다. 아이에게는 '나는 절대 버림받지 않는다'는 안전
에 대한 확신이 필요하다. 그래야 자기만의 속도대로 엄마의 곁
에서 벗어나 주변 세상을 탐험하려 하기 때문이다. 아이마다 타
고나는 재능과 소명이 있고 그것을 발견하는 사람은 아이 자신이
다. 그러기 위해서는 자꾸만 자신을 탐색해 가야 한다. 아이는 나
와 다른 모습으로 살아갈 다른 인격체다.

"생각은 반드시 표현되어야 하고, 다른 이들과 공유되어야
한다. 만약 그렇지 않고, 말하지 않은 채로 그대로 둔다면, 우
리는 흔히 '하지만 내 진짜 의도는…'이라고 너무 늦게야 해명
하게 된다. 얼마나 슬픈 일인가."

《탈무드》에 나오는 글이다. 엄마가 말, 눈빛, 행동으로 사랑을 표현할 때 아이는 사랑받는다고, 안전하다고 느낀다. 그래야 아이의 마음에 안전에 대한 확신이 새겨진다. 아이가 성인이 되기 전까지 계속 말해줄수록 좋다.

아이가 엄마에게 사랑받고 있다고 당연히 느낄 거라고 생각해서 말로 표현하지 않으면 아이는 결코 알 수 없다. 아이가 사랑받고 있고 안전하다고 느낄 수 있도록 엄마는 끊임없이 말과 태도로 표현해야 한다. 그래야 아이의 마음에 사랑이 전달되고 깊게 뿌리를 내린다.

우리는 아이를 사랑하면서 아이에게 두려움을 주는 말을 한다. 아이의 잘못된 행동을 바꾸기 위해, 교육하기 위해서 등 이유는 다양하다. 하지만 그런 말이 아이의 행동을 바꾸는 데 도움이 될까? 그저 아이의 마음만 흔들 뿐이다. 엄마가 하는 말이 바뀌면 아이는 어떤 상황에서도 엄마가 자신을 사랑한다는 믿음과 버림받지 않는다는 확신을 얻는다. 그것이 아이의 양쪽 날개가 되어 세상을 향해 힘차게 날아갈 수 있게 해 줄 것이다.

"엄마는 네 곁에 있어. 너는 안전해."

아이는 버림받을 수 있다는 두려움을 가지고 있다. 엄마가 의도치 않게 아이의 두려움을 건드리는 말과 행동을 할 수 있다. 하지만 아이가 건강하게 자신을 탐색하며 세상 밖으로 나갈 수 있도록 두려움을 건드리는 말 대신에 사랑과 안전의 확신을 가질 수 있는 말을 해주자.

"그때 정말 두려웠지? 괜찮아. 나는 안전해."

어린 나를 가장 두렵게 만들었던 말이 무엇인지 생각해본다. 그 말에 매여 떨고 있던 나에게 사랑이 담긴 말을 해주자. 성인이 되었지만 내 안에는 아직 자라지 않고 두려워하는 아이가 있다. 어릴 때 사랑의 말을 듣지 못했어도 내가 나에게 들려주면 된다. 내가 듣고 싶었던 말을 자꾸 해주자. 아직 자라지 못한 내 마음에 날개를 달아주는 것이다. 아이는 아이대로, 나는 나대로 날갯짓을 연습하면 된다. 우리는 각자의 속도대로 날아갈 수 있다.

2장

아이의
정서 통장을
채우는
말

1

조건 없이
너를 사랑해 (사랑)

"엄마, 나 사랑해요?"

"그럼, 엄마는 너를 엄청 사랑하지."

"엄마는 나를 사랑하지 않는 거 같아요."

"그래? 엄마가 사랑하지 않는 것 같아?"

"네, 엄마는 나 안 사랑해요."

아이들과 잠을 자려고 누웠다. 둘째 아이가 엄마는 자기를 사랑하지 않는다고 대뜸 말했다. 나는 아이에게 왜 그렇게 느끼는지 물었다.

"엄마는 정말정말 사랑하는데. 그럼 엄마가 언제 안 사랑한다고 느껴?"

"엄마가 화내고 무서운 표정하면요."

"아까 엄마가 화낼 때 사랑을 못 느꼈어?"

"네, 무서워요. 엄마가 나 안 사랑해요."

그날 둘째 아이는 여러 번 울고 떼를 썼다. 아이가 감정을 격하게 표현하는 것을 알고 있으니 그렇게 되지 않도록 마음을 더 많이 알아주려고 노력했다. 하지만 저녁이 되었을 때 내 인내심은 한계에 다다랐다. 아이가 고집을 부리면 나도 주장을 굽히지 않고 기 싸움을 했다. 아이가 원하는 대로 해줄 수 있는 별 것 아닌 일에 나도 아이와 똑같이 고집을 부렸다.

큰아이가 한자 검정시험을 치른 날이었다. 시험을 끝낸 기념으로 첫째 아이가 레고를 사고 싶어 했고 문구점에 가서 아이들이 각자 원하는 레고를 사게 해주었다. 첫째 아이는 새로 산 레고를 혼자서도 잘 맞추었지만, 둘째 아이는 혼자 하기 어려워서 첫째와 내가 도와주려고 했다.

"오빠 만지지 마! 내가 할 거라고!"

첫째가 둘째의 레고를 조립하려고 하면 둘째 아이는 날카롭게 말했다. 자기가 할 일을 오빠가 대신해 주면 몹시 싫어해서 첫째가 조립에 필요한 조각을 찾아주고 나는 설계도를 보면서 어디에 끼우라고 말해주며 하나씩 맞추었다. 그러다 한 개를 잘못 끼워서 다시 분해해 새로 조립하기도 했다. 겨우 완성한 후에 둘째 아이는 조각 하나를 처음에 끼웠던 걸로 바꾸고 싶어 했다. 모양은 같고 색만 다른 거라 무엇을 끼우든 괜찮았다. 나는 얼른 조립을 맞추고 쉬고 싶어서 그걸 빼고 이걸로 새로 끼워달라는 아이에게 말했다.

"이거 두 개는 같은 모양이야. 그러니까 그냥 둬도 괜찮아."

"싫어요. 원래 끼웠던 걸로 할 거야. 이거 빼고 이거로 해줘요."

아이는 계속 바꿔 달라고 했다. 같은 모양이라고 설명해도 아이는 내 말을 듣지 않았고 나도 주장을 굽히지 않았다. 아이가 쓸데없는 일로 고집을 부린다고 생각했다.

"그렇게 네 맘대로 하고 싶으면 네가 혼자서 조립하면 되잖아."

아이에게 그렇게 말하고 설거지를 하러 갔다. 아이는 울면서 내 다리에 매달리며 턱으로 내 다리를 꾹꾹 눌렀다. 기분이 나쁜 데다 다리의 아픔까지 더해지자 짜증이 밀려왔다. 결국 아이에게 큰 소리를 냈다.

"엄마 아프게 하지 말라고 했잖아!"

나는 아까보다 더 심하게 화를 냈다. 아이는 더 크게 소리를 지르며 울었다. 아차 싶었다. 아이를 그대로 받아주는 게 왜 이렇게 어려운 걸까. 나는 화내고 아이는 우는 것으로 마무리되는 날이 많아도 너무 많았다.

아이가 울 때는 내가 옆에서 어떤 말을 해도 소용이 없으니 진정할 때까지 곁에서 기다렸다. 이런 때일수록 내가 먼저 평정심을 찾는 것이 중요했다. 아이가 어떤 행동을 해도, 말을 듣지 않아도, 계속 고집을 부렸더라도 꼭 말해줘야 하는 것이 있다. 엄마가 네 행동에 화가 났지만 너를 싫어하는 게 아니라고, 여전히 너를 사랑하고 있다고 말이다. 그러기 위해 심호흡을 하고 물을 한 잔 마시면서 감정을 가라앉히고 아이에게 말해주었다.

"엄마는 너를 사랑해. 그런데 엄마를 아프게 하는 행동은 싫어. 엄마는 아프면 화가 나거든."

설거지를 끝내고 아이와 다시 레고를 조립했다. 서로 마음을 추스르고 사랑을 표현한 뒤에 기분 좋게 마무리했다. 그 일이 있던 날 밤에 옆에 누워있던 아이가 자기를 사랑하지 않는다고 말했다. 그 말에는 아이가 엄마에게 언제라도 무조건적인 사랑을 받고 싶다는 뜻이 숨어있었다. 이런 때에는 아이가 듣고 싶은 말에 진심을 담아서 해주는 게 중요하다. 일어나서 아이의 눈을 보고 아이를 꼭 안아주며 말했다.

"엄마도 화가 날 때가 있어. 지민이도 화날 때 있지? 그래도 지민이가 엄마를 사랑하잖아. 엄마도 그래. 지민이가 한 어떤 행동에 대해서 화가 난 거야. 그래도 지민이를 사랑하는 마음이 바뀌는 건 아니야. 엄마는 언제나 너를 사랑해."

그러자 첫째 아이도 내 곁에서 말했다.

"나도 엄마가 화내거나 굳은 표정을 하거나 눈을 무섭게 하고 나를 보고 있으면 엄마가 나를 사랑하지 않는 것 같아요."

기분이 좋을 때는 아이를 안아주고 사랑한다고 말하기 쉽다. 하지만 아이가 계속 떼를 쓰고, 때리고, 여러 번 말해도 듣지 않을 때는 상냥하고 친절하게 말해주기 어렵다. 목소리, 말투, 표정이 싹 바뀐다. 싸늘하고 차갑고 무서운 얼굴이 된다. 아이들은 엄마의 바뀐 표정과 목소리를 알아차리고 엄마가 자신을 사랑하지 않는다고 느낀다.

결국 엄마의 태도와 말투를 통해서 아이는 사랑을 느낀다. 무섭게 변하는 엄마의 표정과 말투를 보면서 아이는 엄마가 자신을 조건적으로 사랑한다고 느낀다. 아이는 '내가 잘해야 엄마는 나를 사랑해 주고, 잘못하면 나를 더는 사랑하지 않을 거야.'라는 생각을 한다. 그래서 착한 아이가 되려고 노력하고 자신의 감정을 꼭꼭 숨긴다.

감정은 표현해야 사그라든다. 아이가 알아야 하는 것은 엄마도 화가 날 수 있다는 것, 잘못된 행동을 하면 혼날 수 있다는 것이다. 그럴지라도 아이는 존재만으로 무조건적인 사랑을 받고 있다는 것을 알려줘야 한다. 그러면 무조건적인 사랑을 받는다는 것은 어떤 의미일까?

"아이들이 성질을 부리고, 불쾌하고, 징징거리고, 비협조적이고 무례하게 굴 때도 있지만 그런 순간에도 부모는 아이가 사랑받고 있음을 느끼게 해줘야 한다"고 발달 심리학자 고든 뉴펠드Gordon

Neufeld는 말했다. 즉 무조건적인 사랑은 아이를 있는 모습 그대로, 아이의 기질을 인정하면서 사랑을 주는 것이다.

뭘 애써서 하지 않아도, 열심히 하지 않아도, 더 잘하려고 하지 않아도 아이는 사랑받을 만한 존재라고 말해준다. 아이의 마음 안에는 정서 통장이 있다. 어떤 말을 채울지는 부모의 선택이다. 부모는 아이의 정서 통장에 좋은 말을 자꾸 입금해줘야 한다. 그래야 아이는 통장에 가득 쌓인 사랑으로 마음이 힘들 때 꺼내서 상황을 이겨나갈 수 있다.

어린 시절에 엄마한테 혼나면 혼나는 것도 무서웠지만, 엄마의 굳은 표정, 차가운 태도를 보며 엄마가 나를 사랑하지 않는다는 생각에 힘들었다. 그런데 내가 엄마가 되고 보니 아이에게 우리 엄마처럼 똑같이 행동하고 말하고 있었다. 그렇다면 우리 아이도 어린 시절의 내 기분을 느낄지도 모른다. 나는 아이에게 좀 더 사랑을 표현하고 화를 내고 아이를 혼낸 날도 아이에게 가장 중요한 것을 알려주어야 한다.

아이의 정서 통장을 채우는 첫 번째 말은 "존재만으로 너를 사랑해."다. 평소에 무조건적인 사랑이 무엇인지를 느끼도록 자주 말해주자. 아이와 이렇게 대화를 나눌 수 있다.

"엄마에게 사랑받으려면 네가 무엇을 해야 할까?"

"없어요."

"맞아. 엄마에게 사랑받기 위해서 네가 더 해야 할 일은 없어. 너의 지금 모습 그대로, 존재만으로 엄마는 너를 사랑하니까."

자주 반복해서 아이가 익숙해지도록 도와주자. 특히 잠자기 전, 아침에 일어나서 하면 더 좋다. 긴 하루를 시작하고 마무리할 때 아이는 존재만으로도 엄마에게 사랑받고 있다는 것을 느끼는 시간이 필요하다. 아이에게 화를 낸 날, 아이를 혼낸 뒤일수록 정서 통장을 채우는 말을 해줘야 한다. 차갑고 날카로운 말투와 표정은 아이가 부모의 사랑을 조건적이라고 느끼게 만든다. 그럴수록 아이의 정서 통장에 담긴 사랑이 사라진다는 것을 기억하자.

아이의 마음을 채우는 한 마디

"엄마는 너의 존재를 있는 그대로 사랑해."

이 말을 아이에게 수시로 반복해서 말해주자. '무조건적인 사랑'은 아이의 정서 통장에 입금해줄 가장 핵심적인 말이다. 자주 들어서 아이의 마음에 이 말이 선명하게 새겨질수록 좋다. 부모에게 무조건적으로 사랑받고 있다는 믿음은 아이를 건강하게 자라게 할 것이다.

"나는 조건 없이 나를 사랑해."

나부터 나를 조건 없이 사랑하자. 그래야 우리 아이도 사랑해줄 수 있다. 내 안에 없는 것을 다른 사람에게 줄 수 없지만 가지고 있는 것을 꺼내주는 건 가능하다. 나를 존재만으로 조건 없이 사랑하는 말을 자주 해주자. 내 마음에 사랑이 채워질수록 아이에게 주는 것도 자연스러워진다.

네가 애쓴 것을 알고 있어,
고마워 (감사)

"나 너무 힘들어요."

남편이 일을 하고 있는 방에 들어가 그의 앞에서 털썩 주저앉았다. 온몸에 힘이 없었다. 우울함의 크나큰 파도가 내 마음을 덮쳐왔다. 자꾸만 내가 부족한 사람인 것 같았다.

모든 것이 엉망인 하루였다. 집안 꼴은 난장판. 아이들이 간식 먹고 바닥에 둔 쓰레기들이 눈에 들어왔다. 거실 한쪽에는 개지 않은 빨래가 쌓여 있었다. 둘째 아이는 자주 울었고 아이의 징징거림을 듣다 보니 기가 빨렸다. 다른 날보다 더 피곤해서 여러 번 큰소리를 쳤고 뭉그적거리는 첫째 아이에게는 급한 마음에 화를 냈다. 아이들의 끼니는 있는 것을 꺼내서 대충 먹였다. 두 아이에게 좋은 엄마가 아닌 것 같았다.

오늘 하루 내가 잘못한 것이 끝없이 떠올랐다. 그럴수록 힘이 빠져서 '아, 너무 힘들어. 다 하기 싫어.' 하는 생각만 들었다. 어떻게 해야 좋을지 몰라 우왕좌왕하는 새 우울한 감정이 마음에 가득 차 버렸다.

"오늘 많이 힘들었어요? 여보가 애쓰고 있는 거 잘 알고 있어요. 내일은 당신이 먹고 싶은 맛있는 거 먹으러 갈까요?"

이상했다. 남편이 내 수고를 인정해주는 말을 듣자마자 나도 모르게 갑자기 눈물이 나왔다. 그의 앞에서 펑펑 울었다. 눈물이 쉽게 멈추지 않았다. 닦아내도 계속 나왔다. 남편이 내 수고를 인정해주자 부족한 엄마라는 생각이 눈 녹듯 사라지고 마음이 따뜻해졌다. 내가 애쓰는 것을 안다는 말 한마디가 나를 일으켜 세웠다.

남편의 말에 내가 정말 듣고 싶은 게 무엇이었는지를 깨달았다. 내 부족함을 들추는 비판적인 말이 아니라 애쓰고 있다는 것을 인정해주는 말이었다. 그 말을 듣고 나니 어두웠던 내 마음에 빛이 들어오는 것 같았다.

"어른들은 춥고 배고픈 프랑스에 살고 있기 때문이다. 어른들은 따뜻한 위로가 필요하다."

프랑스의 소설가 생텍쥐페리 Antoine Marie Roger De Saint Exupery 가 쓴

《어린 왕자》에 나오는 글이다. 그가 한 말처럼 어른이 되었어도 위로가 계속 필요하다. 힘들 때는 힘든 것을 알아주는 말, 애써줘서 고맙다는 말을 듣고 싶다. 아이들도 마찬 가지다. 아이 역시 하루를 애쓰면서 살고 있다.

두 아이와 저녁에 집을 정리할 때였다. 둘째 아이는 조금 치우다 놀고 다시 정리하다가 딴짓을 했다. 첫째는 장난감과 책을 제자리에 갖다 놓다가 툴툴거렸다.

"엄마, 나 힘들어요."

정리를 시작한 지 5분도 채 되지 않은 때였다. 나도 피곤해서 아이에게 날카롭게 말했다.

"힘들긴 뭐가 힘들어. 너만 힘든 줄 알아? 엄마는 너희들이 어질러 놓은 거 치우느라고 더 힘들어."

아이의 말을 완전히 무시했다. 치워도 치워도 정리가 안되는 집 안의 모습에 짜증이 나 아이가 힘들다는 것을 인정하지 못했다.

"말을 마친 어린 왕자가 큰 소리를 내며 귀엽게 웃었는데, 그게 나를 아주 화나게 했다. 나는 사람들이 내 불행을 심각하게 여겨 주기를 원했다."

《어린 왕자》에는 이런 말도 나온다. 힘든 것은 말하다 보면 더 힘들게 느껴진다. 괴로운 건 표현할수록 더 괴롭게 다가온다. 우리가 자신의 힘듦을 타인에게 말하는 이유는 누군가가 알아주기를 바라기 때문이다. 내 상황을 알고 위로해주면 좋겠다는 마음에 털어놓았는데 그 정도는 별것도 아니라는 것처럼 말하면 기분이 나쁘다. 거기에서 한발 더 나아가서 상대방이 나보다 얼마나 더 힘든지를 말하면 화가 나서 어느새 서로 힘든 상황을 경쟁하듯 말하게 된다.

아이가 힘들다고 말할 때가 있다. 그때 엄마가 얼마나 더 힘든지 말하면 아이는 입을 다문다. 엄마든 아이든 자기가 애쓰고 있는 것을 알아주지 않으면 속상해진다. 그래서 힘들 때 마음을 있는 그대로 받아주고 알아주는 사람이 한 명은 있어야 한다. 어려움이 있을 때 편하게 이야기할 수 있도록 말이다. 아이가 힘들다고 이야기기 할 때 부모가 받아주지 않으면 아이는 '에이, 괜히 꺼냈어. 또 잔소리 들었어. 말하지 말걸. 말해봤자 알아주지도 않는 걸.' 하고 생각한다. 그리고 점점 속마음을 보여주지 않게 된다.

첫째 아이는 속마음을 아빠에게 이야기했다. 아이의 말을 들은 남편이 나에게 첫째가 정리할 때 힘들어했던 이유는 자기만 혼자 열심히 치운다는 마음이 들었기 때문이라고 말해주었다. 동생은 놀면서 정리도 안 하는데 엄마는 알아주지도 않고 자기만 하고 있다고 생각하니 조금만 해도 힘들다고 느꼈다고 말이다. 남편은 앞으로 아이들과 정리정돈을 할 때 방법을 바꾸면 좋겠다는 의견

을 주었고 내가 둘째와 한 팀이 되어 정리하기로 했다. 아이에게
마음이 어떤지 물어봤다.

"정리할 때 많이 힘들었어?"
"네, 나만 하는 거 같아서 힘들었어요. 동생은 별로 하지도 않
고. 나도 쉬고 싶은데."
"그랬구나. 엄마가 우리 아들의 마음을 몰라줬네."
"엄마는 내가 힘들다고 하니까 엄마가 더 힘들다고 했어요. 아
빠는 내가 힘들다고 하니까 더 나은 방법을 찾아줬어요. 아빠에
게 사랑받는 기분이 들었어요."

아이는 자기가 한 일, 힘들다고 느끼는 일에 대해서 엄마가 알
아주었으면 했다. 필요하다면 함께 다른 방법을 찾고 싶어 했다.

> "네가 지금 힘든 게 뭐가 있어?"
> "힘들긴 뭐가 힘들어?"
> "너보다 내가 더 힘들어."
> "지금 네가 누리는 게 얼마나 많은데. 힘들 게 뭐 있냐."

힘든 것을 알아주기는커녕 내가 더 힘들다는 말을 들으면 잘하
려는 마음도 없어진다. 이런 일이 반복되면 아이는 어려운 상황

에 놓여도 부모에게 솔직하게 털어놓기보다 혼자 끙끙 앓는 것을 택한다. 아이가 정말 듣고 싶어 하는 말이 있다.

> "힘들었구나."
> "그러게, 정말 힘들었겠다."

아이가 힘들다고 할 때 부모가 그 마음을 알아주는 것만으로도 아이는 편안해진다. 여기에서 한발 더 나아가면 아이에게 고마움을 표현하는 말을 더할 수 있다.

> "하기 힘들었을 텐데. 고마워."
> "네가 정말 애쓴 것을 알고 있어. 고마워."
> "네가 도와주니 힘이 난다. 고마워."

아이가 특별히 도움을 주지 않았을지라도 해줄 수 있는 말이 있다. 바로 아이의 존재에 대해 고마워하는 말이다.

> "엄마 아들이라 고마워."
> "엄마 딸로 와줘서 고마워."

고맙다는 말을 하면서 스킨십을 같이 해주면 좋다. 아이를 키우다 보면 사실 아이의 존재 자체만으로도 고마운 게 많다. 아이가 내 곁에 와준 덕분에 얼마나 많은 기쁨을 누렸는가. 아기가 자라면서 보여주는 모습은 얼마나 놀라운가. 엄마를 보고 환하게 웃어주거나 "엄마 사랑해요." 말해줄 때는 가슴이 벅차오른다. 물론 엄마로 산다는 게 쉽지 않다. 아이를 키우는 것이 힘들고 버거울 때도 많다. 하지만 아이는 존재만으로도 나에게 큰 행복과 기쁨을 준다.

아이는 엄마의 말, 표정, 말투, 몸짓, 손짓에서 사랑을 느낀다. 엄마가 고맙다고 말하며 꼭 안아주는 것, 머리와 등을 쓰다듬어주는 것, 엉덩이를 톡톡 두드려주는 것, 손을 다정하게 잡아주는 것은 아이의 마음을 편안하게 만들어준다. 아이는 누구보다 엄마에게 자주 인정받고 싶고 격려하는 말을 듣고 싶고 사랑받고 싶어 한다. 엄마의 사랑이 담긴 '고마워'는 마음속 정서 통장을 가득 채워준다.

"그리고 자네가 할 수 있는 일을 하고, 할 수 없는 일은 피하도록 하게. 또 무슨 일을 하든 최선을 다하고 성의껏 하게."

그리스의 철학자 크세노폰Xenophon이 쓴 《소크라테스의 회상록》에서 소크라테스가 한 말이다. 우리는 아이를 키울 때 할 수 있는 일을 하면 된다. 엄마라고 해서 모든 것을 다 잘할 수는 없다. 오히려 내가 할 수 있는 것과 할 수 없는 것을 구분할 필요가 있다. 내가 할 수 없는 일에는 마음을 내려놓고 지금 할 수 있는 일에 집중하자.

아이에게 고마움을 표현하는 말은 바로 실천할 수 있는 일이다. 돈이 드는 것도 아니고 큰 에너지가 필요한 일도 아니다. 그런데 해주면 해줄수록 아이의 정서 통장에 사랑을 채워주니 아이와 엄마 모두에게 유익하다. 지금 오늘 하루 애쓴 아이를 안아주면서 존재만으로 고맙다고 말해주자. 아이는 엄마에게 사랑받는다고 느끼고 행복해할 것이다.

아이의 마음을 채우는 한 마디

"엄마에게 와줘서 고마워."

아이에게 존재만으로 고맙다고 말해주자. 아이가 주는 기쁨이 정말 크다. 아이 덕분에 내가 더 성장하고 있다. 지금 아이에게 감사를 표현하는 말로 아이의 정서 통장을 채워주자. 아이는 자기가 애쓰는 것을 알아주는 말, 존재만으로 고마워하는 엄마의 말을 들으며 사랑받는다고 느낀다.

"오늘도 애썼어. 고마워"

우리는 모두 애쓰고 있다. 하지만 누구도 내가 엄마로 애쓰고 있는 것을 알아주지 않아서 자꾸 힘이 빠진다. 사실은 나도 고맙다는 말을 듣고 싶다. 누가 해주지 않아도 스스로에게 자주 말해주자. 또 아이들과 남편에게 들으면 힘이 나는 말을 정확하게 알려주자. 아이들과 함께 감사일기 쓰기, 감사한 것 말하기처럼 가족이 서로에게 감사를 말로 표현하는 시간을 가지는 것도 좋다.

3

엄마는 너를
버리지 않아 (안전)

 나는 인간관계를 맺을 때 늘 버림받는 것에 대해서 두려워하는
마음을 가지고 살았다. '사랑하는 사람이 나를 버리면 어떡하지?'
라고 생각하느라 연애를 오래 하지 못했다. 언제나 내가 먼저 남
자친구에게 이별을 고했다. 이유는 간단했다. 버림받고 싶지 않
기 때문이었다. 나를 버리기 전에 내가 먼저 그를 떠나는 게 낫다
고 생각했다.

 누군가가 나를 떠날 것이 머릿속에 그려지면 도저히 견딜 수가
없었다. 사랑하는 사람에게 버림받으면 더는 살 수 없을 것 같았
다. 나는 어른이 되었어도 버림받는 것을 두려워하는 몸만 자란
어린아이였다. 일어나지도 않을 일을 상상하며 혼자서 힘들어했

다. 결혼한 뒤에도 타인에게 버림받을 수 있다는 두려움이 없어지지 않았다. 남편에게 이런 부탁을 할 정도였다.

"여보, 나 버리면 안 돼요."
"아니, 내가 왜 여보를 버려요?"

내가 진지하게 말할 때마다 남편은 그런 걸 왜 걱정하냐는 표정으로 나를 바라봤다. 사실 나도 마찬가지였다. 나도 버림받을 것을 두려워하는 나 자신을 이해하기 힘들었다.

어른이고 직장까지 있으면 혼자 살 수도 있는 것 아닌가. 게다가 성인이 되어 맺는 인간관계는 자연스럽게 만나고 헤어짐을 반복한다. 이사를 갈 수도 있고, 이직을 할 수도 있으니 말이다. 대체 누가 나를 버린단 말인가. 남편과는 해결할 수 없는 심각한 문제가 생겨서 이혼하지 않는 한 일어날 수 없는 일이다.

그런데도 나는 남편에게 버림받고 싶지 않다며 벌벌 떨고 있었다. 타인에게 사랑받고 싶다는 마음 깊은 곳에는 그 사람에게 버림받고 싶지 않다는 바람이 있었다. 나는 왜 이렇게 다른 사람의 눈치를 보고 버림받는 것을 두려워하는 걸까. 이런 내 마음은 어디에서부터 시작된 것일까?

엄마가 동생을 낳았을 때 할머니 댁에 맡겨졌던 경험은 엄마에게 버림받았다고 느낀 충격적인 사건이었다. 그 뒤로 나는 혹시라도 엄마에게 버려질까 봐 더 매달렸다.

> "사랑을 받지 못할 때 아이는 가장 커다란 두려움에 빠진다. 버림당하는 것을 지옥만큼이나 두려워한다 … 그리고 버림받은 아이에게는 분노가 찾아온다."

미국의 소설가 존 스타인벡John Ernst Steinbeck이 쓴 《에덴의 동쪽》에 나오는 표현은 어릴 때 내 모습을 그려놓은 것 같다. 나는 동생에게 엄마의 사랑을 빼앗기고 싶지 않았다. 엄마 품에 안겨있는 동생이 미워서 젖을 먹는 동생의 발을 깨물고 엄마에게 혼났다. 엄마가 나를 사랑하지 않는다고 느꼈고, 언제나 나를 따뜻하게 안아주시는 할머니를 더 좋아했다. 엄마의 사랑이 부족하다고 느낄수록 징징거리고 우는 행동이 늘었다.

자라면서 엄마의 관심을 끌기 위해 징징거리는 대신 사랑받기 위해 착한 딸이 되려고 노력했다. 엄마가 힘든 것을 말할 때 엄마 편이 되어주고 엄마의 말을 잘 듣는 딸이 되었다. 엄마에게 기쁨을 주고 싶었다. 그래야 엄마에게 사랑받고 버림받지 않을 테니까. 사실 우리 엄마는 결코 나를 버릴 사람이 아니었다. 그렇지만 나는 자꾸만 버림받을 것을 무서워했다.

무엇을 결정할 때는 언제나 다른 사람의 눈치를 살폈다. 주변 사람의 기분에 영향을 크게 받았다. 타인의 차가운 말과 표정에 자주 위축되었고 다른 사람을 기쁘게 해주기 위해서 그들에게 맞추려고 했다. 어릴 때는 엄마, 학창 시절에는 친구, 일하면서는 직장동료, 결혼해서 남편까지. 그들의 기분이 좋지 않으면 자꾸 불안했다. 내가 뭔가를 잘못해서 그런 것 같았다. 늘 그들이 나를 떠나가지 않으면 좋겠다고 생각했다.

엄마가 되었다고 해서 버림받는 것에 대해 두려움이 없어지는 게 아니었다. 나는 아이에게만큼은 나와 같은 기분을 느끼게 하고 싶지 않았다. 누군가에게 버림받을 수 있다는 두려움이 내가 무엇을 결정할 때 강하게 옭아맨다는 것을 알았다. 하지만 아이가 그 두려움을 모르게 하려면 어떻게 해야 좋을지는 알 수 없었다. 오히려 엄마처럼 아이가 내 말을 듣지 않으면 표정이 바뀌고 말투가 차가워졌다. 아이에게 언제든 너를 버릴 수 있다는 듯한 말을 했다.

"너 자꾸 떼쓰면 너만 두고 엄마 혼자 간다."

"너 지금 따라오지 않으면, 여기 두고 갈 거야."

어떤 날에는 길에서 고래고래 소리치며 우는 아이를 혼자 두고 먼저 가버렸다. 아이에게 어떠한 말도 해주지 않은 채 앞만 보고 성큼성큼 걸어갔다.

"엄마!"

아이는 계속 나를 부르며 뛰어왔다. 그때 가던 길을 멈추고 아이를 안아주고 안심시켜 주었다면 얼마나 좋았을까. 아이를 키우는 일은 내 생각처럼 잘되지 않았다. 아이가 나를 많이 화나게 한 날에는 아이를 오랜 시간 차갑게 대했다. 화난 감정이 사그라질 때까지 무표정한 얼굴로 아이에게 아무 말도 해주지 않았다. 그럴수록 아이는 더 울고, 매달리고, 떨어지지 않으려고 했다. 아이의 마음을 불안하게 한 사람은 바로 나였다.

아이가 어릴수록 부모는 아이 세상의 전부다. 특히 아이와 많은 시간을 보내는 엄마의 존재는 절대적이라 엄마의 말이 가진 힘이 클 수밖에 없다. 문제는 긍정적인 이야기보다는 부정적인 말이 아이의 머릿속에 남아 아이를 따라다닌다는 것이다. 엄마의 두고 간다는 말에서 아이는 버림받을지도 모른다는 두려움을 느끼고, 이런 감정은 아이에게 오랜 시간 영향을 준다.

"재미있게 놀았지? 이제 집에 가자."

"싫어, 안 갈 거야."

"그래? 그럼 너는 계속 놀아. 엄마는 너 여기 두고 갈 거야."

여러 번 말해도 아이가 꿈쩍도 하지 않으면 그냥 가버린다. 아이는 다급한 마음에 엄마를 바쁘게 따라온다. 아이는 스스로 움직이기보다는 혼자 있는 것이 무서워서 억지로 엄마의 말을 듣는다. 아이에게 선택권과 결정권은 없고 두려움에 엄마의 말에 따르게 만들었다.

지금부터는 아이를 두고 가겠다 혹은 버리겠다는 위협 대신 아이가 스스로 선택하고 행동할 수 있도록 도와주자. 홧김에 아이에게 버리고 가겠다고 말했다면 다시 정확하게 알려주자. 엄마는 절대로 너를 버리지 않는다는 것을 말이다. 아이가 가장 두려워하는 것은 엄마에게 사랑받지 못하는 것과 버림받는 것이기 때문이다.

아이의 마음을 안심하게 해주는 사랑의 말이 있다. 엄마가 아이의 눈을 보며 말해주는 게 제일 좋다. 떼쓰는 아이에게 "너를 버려두고 갈 거야."라고 말하지만 우리는 실제로 아이를 버리지 않는다. 아이가 엄마에게 버림받지 않는다는 것을 알고 있으리라 짐작해서 그냥 넘어가면 안 된다. 아이 마음에 일어난 불안과 두려움을 따스하게 어루만져주는 시간이 꼭 필요하다.

> "엄마가 너를 혼자 두고 가겠다고 말해서 미안해."
> "엄마는 너를 절대로 버리지 않아."
> "네가 잘못되면 엄마는 살 수 없어. 엄마에게는 네가 제일 소중해."

"두려움을 걷어 버리거나 이겨내야 역설적으로 삶의 가장 안전한 장소에 도달할 수 있습니다. 그때 비로소 망설임 없이

사랑하고, 솔직하게 마음속 말을 하고, 자기방어를 하지 않고
도 자신을 지키는 법을 배울 수 있습니다."

엘리자베스 퀴블러 로스가 쓴 《인생 수업》에 이런 글이 있다.
내가 타인에게 솔직하게 말하지 못한 것, 자꾸 과거에 엄마가 한
말과 행동을 탓한 것, 사랑을 망설이는 것까지. 그 밑바탕에는 버
림받는 게 두렵다는 마음이 있었다.

내 안에는 여전히 버림받고 싶지 않다고 울면서 떨고 있는 아이
가 있다. 그 아이에게 가장 필요한 것은 어떤 상황이든 버림받지
않는다는 안전한 사랑이다. 내가 어릴 때 느꼈던 두려움을 아이
에게 물려주지 않기로 선택한다. 과거는 과거일 뿐이다. 그동안
아이가 말을 듣게 하려고 너를 버리겠다는 듯한 말과 행동을 했다
면 이제부터 바꾸면 된다. 지금부터 시작해도 늦지 않다.

아이가 안전함을 느낄 수 있도록 말로 표현해주자. 아이의 정
서 통장을 수시로 채워주자. 아이가 말을 듣지 않아도 위협이나
협박 대신 표현할 수 있는 말이 많다. 아이가 두려워서 억지로 엄
마를 따르지 않도록 노력하자.

"엄마는 너를 절대로 버리지 않아."

아이는 버림받을 것 같다는 생각이 들면 두려움을 크게 느낀다. 엄마는 아이의 두려움을 자극하는 말 대신에 안전함을 느낄 수 있는 말을 해주어야 한다. 아이의 행동에 화가 나거나 행동이 굼뜬 아이를 움직이게 하려고 두려움을 건드리는 말을 했다면 사과하고 안전함을 느낄 수 있도록 사랑을 표현하자.

엄마의 마음 돌보기

"버림받는 것이 두려웠지?
누구도 나를 버릴 수 없어. 이제 나는 안전해."

나를 버릴 수 있는 사람은 없다. 다른 사람에게 버려져서 혼자 남게 될까 두려울 수 있다. 혼자서는 도저히 살 수 없을 것 같다. 이건 잘못된 생각이다. 다른 사람이 나를 떠나도 나는 내 곁에 남는다. 내 곁에는 나를 응원해주는 내가 있다. 버림받을 것을 두려워하고 있는 내 마음을 따뜻하게 보듬어주자. 나는 내 편이니까.

4

그랬어?
네가 그랬구나 (공감)

"저는 아이의 감정을 읽어주는 게 너무 힘들어요. 책에서는 아이의 감정을 읽어주고 행동은 제한하라고 하는데요. 저는 아이의 감정을 읽는 것부터 힘들어요. 아이 감정을 읽어주는 말을 하다가 도리어 화가 나요. 아이가 격하게 감정을 드러낼 때마다 머릿속이 하얘져요. 그 자리에서 도망치고 싶어요. 자꾸 떼쓰는 아이가 꼴도 보기 싫어요. 어떻게 해야 좋을지 모르겠어요. 절망스러워요."

둘째 아이가 하루가 다르게 자라면서 자기주장이 강해졌고 뜻대로 되지 않으면 격하게 감정 표현을 했다. 우리 집에 날마다 태풍이 거세게 몰아치는 것 같았다. 나는 아이의 떼와 울음이 우리 집의 평화를 무너뜨리고 있다고 느꼈다. 그러니 아이의 감정을 헤아려 주기는커녕 같이 감정을 터뜨렸다. 마음을 다잡고 아이의 감정을 받아주려고 노력해봤지만 아이는 내가 자신의 감정을 잘 이해하지 못한다고 느낄 때마다 더 짜증을 냈다.

'도대체 나보고 어쩌라는 거냐고.'

아이의 계속되는 짜증에 한숨이 나왔다. 최선을 다해서 아이의 감정을 읽어주려고 하는데, 딸과 나의 관계는 자꾸 삐걱거렸다. 나는 날마다 활활 타오르는 불꽃을 데리고 사는 것 같았다. 이렇게는 도저히 안된다는 생각이 들었다. 내 마음을 누군가에게 편안하게 털어놓고 싶었다.

"언니, 심리상담을 한번 받아봐요. 나도 받았는데 나를 더 이해할 수 있게 되었어요."

친하게 지내는 동생이 나에게 심리상담을 권했다. 그동안 여러 육아서, 심리학 서적을 읽었지만 내 안에 변하지 않는 습관들이 있었다. 그래서 전문가에게 실제적인 도움을 받는 것도 괜찮을 것 같았다. 검색을 해보고 집에서 가까운 심리 상담 센터를 찾아갔다.

전문가가 객관적으로 내 상황을 이야기해 주니 그동안 어려웠던 마음이 정리되었다. 내가 미처 몰랐던 나에 대해서도 알 수 있었다. 나는 상담사에게 아이의 감정을 읽어주는 게 너무 힘들다고 털어놨다. 그러자 상담사는 아주 쉬운 실천방법을 알려주었다.

"읽어주려고 하지 마세요. 그냥 아이가 하는 말만 따라 해보세요. 다른 말은 덧붙이지 마시고요."

"그냥 아이의 말을 그대로 따라 하라고요? 메아리처럼요?"

"네 맞아요. 이것을 상담에서는 '거울 기법'이라고 해요. 아이의 말에 다른 말을 더하거나 해석하지 않고 그대로 반복해서 들려주는 거예요. 이렇게만 해줘도 아이가 심하게 폭발하지는 않을 거예요."

나는 지푸라기라도 잡는 심정으로 상담사가 알려준 방법을 그날 바로 적용했다. 아이가 하는 말을 그대로 따라 한다는 게 꼭 메아리 같아서 '메아리 기법'이라고 이름도 지었다. 거울은 내 모습을 비춰주는데, 메아리는 소리를 들려주기 때문이었다.

"엄마, 나 피곤해요."

"피곤하다고?(네가 어제 잠을 늦게 자서 그렇지. 그러니까 일찍 자란 말이야.)"

아침에 일어나서 피곤하다고 말하는 첫째 아이의 말을 있는 그대로 따라 했다. 그러면서 알게 되었다. 내가 아이의 말 뒤에 얼마나 많은 판단, 비난, 조언, 설교하는 습관이 있었는지를 말이다. 배운 대로 뒤따라오는 말은 속으로만 했다. 다음 말이 입으로 나오려는 것을 막는 게 오히려 힘들었다. 내가 말을 덧붙이지 않자

신기하게 내가 하고 싶은 말을 아이가 이어서 했다.

"네, 피곤해요. 어제 늦게 자서 그런가 봐요."

"늦게 자서 그런 거 같아?"

"네. 어제는 더더더더 잠이 잘 안 왔어요. 잠드는 게 많이 힘들었어요. 엄마랑 동생은 이미 잠들었는데 나는 밤에 잠이 잘 안 와요. 어떻게 하면 잠을 금방 잘 수 있을까요?"

아이가 말하기 전까지 전혀 몰랐다. 잠이 잘 안 와서 늦게 잔 거였다니. 내가 아이의 사정도 모른 채 '네가 늦게 자서 그런 거다, 일찍 좀 자라'고 설교를 늘어놓았다면 어땠을까? 아이는 자기가 잘못했다고 생각했을 것이다. 지금까지 나는 아이에게 "지금 잘 안되는 건 네가 문제야. 네가 부족해서 그래."라는 말을 자주 했다. 아이는 미숙하니 아이가 원하지 않아도 엄마인 내가 알아서 해결책까지 제시할 때가 훨씬 많았다.

아이의 사정을 듣고 보니 그동안 얼마나 아이에 대해 잘못 생각했는지 깨달았다. 아이는 밤에 금방 잠들지 못하는 걸로 힘들어하고 있었다. 나도 안다. 자고 싶은데 잠이 안 오는 게 얼마나 괴로운지. 눈에 보이는 아이의 모습만으로 판단할 때 엄마는 아이가 자기의 말을 잘 듣지 않는다고 생각하고 아이는 엄마는 나를 이해하지 못한다고 여긴다. 서로를 탓하고, 마음을 나누는 대화를 하기 어렵다.

나는 그때부터 아이의 말을 그대로 따라 하는 메아리 기법을 대화할 때마다 적용했다. 그전에는 아이의 감정을 도통 이해할 수 없었다. 특히 아이의 감정이 롤러코스터를 수도 없이 타는 날에는 그 감정을 헤아려 주는 것만으로 버거웠다. 그러나 메아리 기법을 쓸수록 잘 모르는 아이의 감정을 짐작하는 데 에너지를 쓰지 않게 되었다.

"그랬어?"라는 말은 어떤 상황에서든 사용할 수 있었다. 내가 아이의 생각에 동의하든, 동의하지 않든 괜찮았다. 그냥 메아리처럼 따라만 하면 되었다. 그런 일이 반복되자 아이는 엄마가 내 편이라고 느꼈는지 전보다 자신의 마음을 더 편안하게 표현했다.

> "뜻밖의 불행과 곤궁함이 일어나는 곳을 곧장 따라가 그 유래를 궁구해보면, 원망하는 마음이 자연히 그친다."

《채근담》에서는 이렇게 말한다. 우리가 어떤 행동을 할 때는 저마다 이유가 있다. 우리 모두에게는 속사정이 있다. 상대방의 겉으로 보이는 행동으로 그 사람의 속마음을 알 수 없다. 어떤 일이든 상대방의 이야기를 판단하지 않고 듣는 게 중요하다.

아이와 대화할 때 메아리 기법을 활용하면 아이에게 이유를 추궁하듯이 질문하지 않아도 되고 아이가 그런 행동을 한 이유와 화를 낸 이유도 자연스럽게 알게 된다. 아이의 행동 때문에 나에게 찾아온 화도 사그라든다.

《몽테뉴의 수상록》에 나오는 글처럼 아이의 말을 공감하기 위
해서는 성급함을 내려놓는 게 중요하다. 내 마음대로 상황을 판
단하지 않도록 한다. 아이가 말을 꺼낼 수 있는 편안한 분위기를
만든다. 이때 '젬스GEMS'를 활용할 수 있다. 젬스는 20초 정도 시
간을 내서 아이와 온전히 교감하는 방법이다.

① 아이의 위치로 몸을 낮추고 아이와 눈을 맞춘다.

② 아이의 감정에 공감하려고 노력한다.

③ 아이에게 가볍게 스킨십한다. 아이의 어깨에 손을 올리거나 손
   을 잡아도 좋다. 엄마에게 자연스럽고 아이도 부담을 느끼지 않
   을 정도로 애정을 표현한다.

④ 다른 데 관심을 돌리지 않고 온전히 아이에게 집중한다. 머릿속
   에서 해야 할 일이 떠올라도 스위치를 끈다.

⑤ 아이의 말을 경청한다. "응", "그렇구나", "오", "그랬어?" 부모는
   아이의 말에 가벼운 호응만 해준다.

"엄마, 나는 엄마가 나를 의심하는 것 같은 눈빛과 말투로 물어볼 때 기분 나빠요."

첫째 아이가 엄마와 대화할 때 언제 기분 나쁜지를 알려주었다. 나는 오늘 일어난 사건을 그날의 일로만 보지 못했다. 그동안 아이가 했던 행동을 연결해서 판단하고 의심하며 추궁할 때가 더 많고 훈계와 설교, 비난의 말을 이어서 늘어놓았다.

아이와 대화할 때는 내 생각을 내려놓는다. 그러기 위해서 '메아리 기법'과 '젬스'를 활용한다. 아이의 말을 따라 하다 보면 아이의 행동 이면에 있는 사정을 알 수 있다. 하지만 아이도 자기가 왜 그랬는지 모를 때가 많다. 그럴 때는 엄마가 아이에게 짧은 시간이라도 집중해서 아이가 솔직하고 편안하게 말하도록 반응하면 된다. 엄마의 반응은 아이가 자기의 감정을 알아가는 길에 손전등이 되어줄 것이다.

아이가 하나씩 마음의 말을 밖으로 꺼내놓을수록 엄마는 아이를 더 잘 이해할 수 있다. 아이를 이해하면 사랑하는 마음이 덩달아 커진다. 아이는 엄마에게 이해받을 때 정서 통장이 채워진다. 그러면 문제를 만났을 때 자기에게 맞는 해결책을 찾으려는 의지가 생긴다. "내가 부족해서 그래. 나 때문이야." 하고 자신을 탓하지 않게 된다. 내 눈에 보이는 아이의 행동이 전부는 아니다. 색안경을 끼고 아이의 행동을 판단하지 않도록 아이의 마음이 궁금할 때는 메아리 기법과 젬스를 활용해보면 어떨까?

"그랬어? 네가 그렇구나."

엄마가 색안경을 낀 채로 아이의 말과 행동을 판단하지 않도록 하자. 아이의 말을 따라서 하는 메아리 기법으로 반응한다. 아이가 원하지 않는 비난, 조언, 설교 대신 아이의 정서 통장을 채우는 공감의 말을 해줄 수 있을 것이다.

"그랬어? 그래서 그랬구나."

《채근담》에 보면 가정에서 유의할 두 가지를 알려준다. 그중 첫째는 서로를 용서하면 가족의 마음이 평화롭다는 것이다. 가족의 실수를 너그럽게 용서하는 마음은 마음의 평화를 가져다준다. 용서는 상대방을 이해할 때 더 쉽게 일어난다. 먼저 나를 이해하고 내 실수를 용서하고 누구에게나 사정이 있다는 것을 기억하자. 그래야 아이의 부족한 모습도 품어줄 수 있다.

5
괜찮아
(친절)

"엄마, 이거 왜 찢어서 버렸어요?"

둘째 아이가 쓰레기통에 버려진 과자 상자를 들고 나에게 말했다. 아이가 어제 먹은 과자 상자였다. 상자를 찢어서 버린 일로 아이는 아침부터 짜증을 부리기 시작했다. 나는 아이의 유치원 입학식이 있는 날이라 안 그래도 마음이 조급한데 아이는 그 와중에 상자를 찢었다고 화를 내다 상자를 나에게 던졌다. 아이의 행동에 화가 나서 입을 다 물고 아무 말도 하지 않았다. 아이는 더 크게 소리 지르며 울었다.

가뜩이나 몸과 마음이 모두 바쁜 아침이었다. 아침에 내 인내심의 역치는 매우 낮다. 정해진 시간 안에 아이가 학교에 가야 하고 나는 출근해야 하니까. 아침부터 울고 생떼를 부리는 아이를 보니 짜증이 커다란 파도처럼 밀려왔다. 육아가 너무 힘들었다. 이 모든 상황이 스트레스였다.

스트레스는 우리의 사고 기능에 크게 영향을 미친다. 우리의 뇌가 스트레스를 받았을 때 어떻게 작동하는지 알면 외부 자극에 나도 모르게 튀어나오는 반응을 이해하는 데 도움이 된다. 뇌는 크게 뇌간, 변연계, 전두엽 세 개로 나뉜다.

첫째, 뇌간은 생존의 뇌다. 두뇌 가장 아래쪽에 자리하고 있으며 제일 원시적인 부위다. '파충류의 뇌'라고도 부른다. 파충류에게도 뇌간이 있어서다. 이곳은 기본적인 신체 기능을 다루며 태어나자마자 바로 작동한다. 아이가 배고플 때, 두려울 때, 아플 때 울 수 있는 것은 뇌간이 있기 때문이다. 이곳은 자극에 대해서 투쟁이나 도피로 반응한다.

둘째, 변연계는 '포유류의 뇌'다. 감정의 뇌라고도 부른다. 이곳은 생후 6주부터 활성화된다. 우리가 느끼는 모성애, 공포, 불안과 같은 정서와 관련이 있다. 변연계에 있는 편도체에서는 감정이 발생한다. 편도체는 평소에도 계속 활성화되어 주변에 있는 모든 것에 반응하게 만든다. 다른 사람의 기분을 해석하는 데도 영향을 미친다. 변연계에는 기억장치라고 부르는 해마가 있어서 새로운 내용을 배우고 기억하도록 도와준다. 이 곳의 핵심은 교감이다.

마지막으로는 대뇌피질이다. 대뇌피질은 네 가지 부위로 나뉘는데 그중 전두엽은 대뇌피질에서 가장 넓은 부위를 차지한다. 전두엽은 합리적인 의사결정, 감정 조절, 판단하면서 고차원적으로 생각하는 일을 한다. 전두엽이 있어서 우리가 언어를 사용하고 이성적인 사고도 할 수 있다.

우리 두뇌는 자동화된 작동 방식이 있다. 우선 감각 자극이 전달되면 변연계에서 관련된 기억이나 감정을 불러낸다. 편도체는 외부에서 들어온 자극의 위험도를 유쾌, 불쾌, 중립으로 분류한다. '유쾌'는 생존에 위험이 없다고 판단되는 상황, '불쾌'는 위험이 닥치거나 불안을 느끼는 상태다. 여기에서 빨간불이 켜지면 분노, 공포 같은 감정이 일어난다. '중립'은 나에게는 별로 의미가 없는 상태다. 편도체에서 불쾌하다는 신호를 보내면 뇌간이 반응하여 즉시 투쟁이나 도피를 선택한다. 이때 전두엽은 활성화되지 않는다.

극심하게 스트레스를 받을수록 뇌는 주변에 위험이 도사리고 있다고 해석한다. 스트레스는 뇌를 위협하는 강력한 신호다. 이럴 때는 무조건 몸을 사려야 한다고 여긴다. 문제를 해결하기보다는 피하려고 한다. 이성은 움직이지 않고 감정에 의해서 도망치려고 한다.

우리의 뇌는 내가 안전하다고 판단해야 비로소 전두엽이 활성화되며 차분하고 깊이 생각한다. 요동치는 감정 상태에서 벗어났을 때 이성적인 사고를 할 수 있다. 그러려면 편도체에 빨간불이 꺼지고 위험이 사라졌다는 해제 신호가 들어와야 한다. 그러기 위해서 아이를 달래듯이 나를 달래고 안심시켜 주어야 한다.

우리는 5살 전까지 분노, 증오, 절망과 같은 원시적인 감정을 배운다. 이 감정은 5살이 넘어가면 더는 발달하지 않는다. 5살 이후부터는 대뇌피질이 발달하면서 고차원적이고 이성적인 생각을 할 수 있다. 감정을 조절하는 힘도 생긴다.

어른이나 아이나 짜증, 화, 절망과 같은 원시적인 감정을 느끼는 것은 똑같다. 아이의 행동이나 말은 시시각각 부모의 감정을 건드린다. 끝도 없이 부모에게 불쾌하거나 위험하다는 판단을 일으키게 만든다. 그때부터는 아무리 어른이라고 해도 이성적으로 생각하지 못한다. 뇌에 위험 신호인 빨간 불이 켜지면 어느새 아이에게 화를 내고 소리를 지르고 폭발하게 된다. 아이와 부모 모두 5살 아이 수준이 된다.

격해진 감정이 가라앉아야 그때부터 이성적으로 생각한다. 조금 전에 내가 했던 말과 행동을 돌이켜본다. '내가 아이에게 왜 그렇게까지 했을까. 아이와 너무 똑같은 수준 아닌가. 그래도 내가 어른인데 어쩌다 애처럼 길길이 날뛰었을까.' 아이에게 미안하고 내 행동을 생각하면 후회스럽고 부끄러워 자책에 빠진다.

밤에 화를 냈다면 잠을 쉽게 이루지 못한다. 곤히 잠든 아이의 얼굴을 보다가 갑자기 눈물이 난다. '내일은 다르게 행동해야지, 아이를 더 많이 이해해주고 안아주고 사랑해줘야지.' 다짐을 되뇌이다가 겨우 잠든다. 하지만 아이는 늘 새로운 상황으로 나를 이끈다. 그때마다 이성보다는 감정을 앞세워 대응할 수밖에 없다. 이건 뇌의 자동화된 반응이다. 사건이 생기면 우리의 감정과 기억이 내가 생각하기 전에 먼저 반응하기 때문이다.

> "장수가 노여움을 참지 못하고 개미 떼처럼 성벽을 오르게 하면 3분의 1의 군사를 죽게 하고도 성을 함락시키지 못하는 경우가 있다. 이것은 (섣부른) 공격에서 비롯된 재앙이다."

《손자병법》에 나오는 글이다. 외부 자극이 들어왔을 때 감정적으로 바로 반응하면 어른이라고 해도 정확한 판단을 할 수 없다. 섣부르고 조급하게 아이를 공격한다. 그러므로 불쾌한 외부 자극이 왔을 때에도 전두엽이 일할 수 있도록 준비시켜야 한다.

> "아이들이 말을 안 듣는다고 걱정하지 말고, 아이들이 항상 당신을 지켜보고 있다는 것을 걱정하라."

미국 작가 로버트 풀검Robert Lee Fulghum은 말했다. 아이는 스트레스 상황에서 부모가 보여주는 친절하고 침착한 반응을 보고 배운다. 부모부터 자신을 진정하는 법, 아이에게 다정하게 말하는 법을 반복적으로 연습하고 실제로 보여줘야 한다. 어떻게든 내 마음부터 차분하게 만드는 게 먼저다. 우리의 전두엽을 활성화하고 신중하게 대응할 수 있도록 마음을 가라앉히는 네 단계를 반복해서 연습하자.

1. 멈춘다.

말을 멈춘다. 마음에서 화가 솟구치더라도 성급하게 반응하지 않는다. 가능하면 아무 말도 하지 않는다. 내 마음부터 추스르는 시간을 무조건 몇 초라도 만든다. 짜증이 밀려오고 속이 시끄러워도 침묵하는 데 의지를 발휘한다.

2. 수를 세면서 깊게 심호흡한다.

말을 멈추었다면 1부터 10까지 수를 세면서 깊게 심호흡한다. 숨을 최대한 깊게 들이마시고 내쉬는 것에만 집중한다. 이때 내 머릿속에 켜진 빨간 불이 초록 불로 바뀌는 이미지를 상상한다. 심호흡할수록 우리의 뇌의 위험 신호가 꺼진다. 심호흡은 생존의 뇌가 바로 반응하는 것을 가장 빠르게 잠재우는 행동이다. 이것은 '지금 나는 안전해. 괜찮아. 전두엽아, 네가 활동할 시간이야.'를 알려주는 신호탄이다. 스스로 다음 단계로 넘어가도 된다는 마음이 들 때까지 숨을 들이마시고 내쉰다.

3. "괜찮아?" 나에게 물어본다.

아이에게 무엇을 말하기 전에 내 감정부터 챙긴다. 나에게 괜찮은지 물어보고 마음을 다독여준다. 지금 아이 때문에 짜증 난 나에게 친절하게 대해준다.

4. '아이는 손님이야. 지금 우리 아이는 어떤 도움이 필요하지?'를 질문한다.

"아이는 내 것이 아니다. 나에게 온 손님이다."를 반복해서 말한다. 지금 손님인 아이에게 가장 필요한 것이 무엇인지를 질문한다. 우리는 손님에게 어떤 말을 하는가? 손님이 데려온 아이가 울고 짜증 내고 있을 때 어떻게 대해주는가?

그런 마음으로 내 아이를 대한다. 지금 아이에게 가장 필요한 것을 채우도록 도와주는 것에 집중한다. 그래야 좀 더 이성적으로 대할 수 있다. 현재 아이가 뭐가 불편해서, 어떤 욕구가 채워지지 않아서 떼를 쓰는지 관찰할 수 있다. 아이를 도와주고 싶은 마음도 생긴다.

"르타는 바수데바가 한마디 말없이 조용하고 열린 마음, 기다리는 자세로 자신의 말을 마음에 담고, 한 마디도 빠뜨리지 않고 들으며, 조바심도 내지 않고 또 칭찬하거나 나무라는 일도 없이 그저 가만히 들어주고 있음을 느꼈다."

헤르만 헤세가 쓴 《싯다르타》에 나오는 글이다. 우리는 아이의 행동에 즉각 반응하지 않기를 선택할 수 있다. 침착하게 대응하기 위해 멈춘다. 그래야 다음 단계로 넘어갈 수 있다.

심호흡하면서 내 감정부터 챙긴다. "괜찮아?" 물어보고 뇌에 안전하다는 파란불이 켜질 때까지 기다린다. 그 뒤에 아이에게 필요한 것이 무엇인지 질문한다. 그러면 아무리 짜증스러운 상황일지라도 지금 상황에 딱 맞는 것을 찾을 수 있다.

아이는 우리를 더 나은 사람으로 성장하게 해주는 귀한 손님이다. 감정을 바로 표현하는 것을 멈추고 가라앉히는 법을 엄마가 먼저 연습하자. 아이가 격하게 감정을 표현하는가? 아이는 엄마가 차분해지는 모습을 보면서 감정이 격해졌을 때 진정하는 방법을 배울 수 있다. 아이의 건강한 독립을 준비하는 육아의 여정을 감정 조절을 연습하는 시간으로 보내면 어떨까?

⟨ 아이의 마음을 채우는 한 마디 ⟩

**"(다정하고 친절한 목소리로) 괜찮아?
엄마는 지금 심호흡을 하고 있어."**

아이와 똑같이 감정을 폭발시키지 않기 위해 엄마가 지금 무엇을 하고 있는지 말해주면 좋다. 울고 떼쓰는 아이여도 엄마가 지금 어떻게 반응하는지를 본능적으로 살피고 있기 때문이다. 아이는 엄마의 말과 모습을 보면서 감정을 조절하는 방법을 몸으로 배운다.

엄마의 마음 돌보기

"아이는 나에게 온 귀한 손님이야. 내 것이 아니야."

칼릴 지브란은 《예언자》에서 "아이들은 그대를 거쳐서 왔을 뿐 그대로부터 온 것이 아니다. 또 그대와 함께 있을지라도 그대의 소유가 아니다."라고 말한다. 아이는 나에게 태어났지만 나와는 매우 다른 인격체다. 아이가 내 것이 아니라 손님이라고 생각하자. 그럴수록 감정적으로 반응하고 함부로 말하며 후회하는 것을 멈출 수 있다.

3장

아이의
정서 통장을
빼먹는
말

자꾸 이러면
너만 두고 갈 거야 (협박과 벌)

　모든 아이의 마음에는 정서 통장이 있다. 부모가 아이에게 건네는 말은 정서 통장에 입금이 되거나 출금이 된다. 통장에 돈이 많이 있다면 어떤가? 마음이 편안하다. 어떤 일이 생겨도 덜 불안하다. 어려운 상황도 이겨낼 수 있다.

　정서 통장도 마찬가지다. 아이의 정서 통장에 좋은 말이 쌓여 갈수록 정서적으로 건강해진다. 2장에서 다룬 "사랑해", "고마워", "너를 버리지 않아", "그랬어?", "괜찮아?"는 정서 통장을 채우는 말이다. 이런 말을 들으면 아이의 마음이 편안해지고 엄마에게 사랑받고 있다고 느낀다. 받은 사랑으로 자기의 존재를 소중히 여긴다.

아이의 정서 통장에서 출금하는 말도 있다. 아이는 이런 말을 들을수록 기분이 나빠진다. 아이는 엄마를 좋아하지만 출금하는 말을 하는 엄마가 자꾸 밉다는 생각이 든다. 사랑은 주는 사람보다는 받는 사람이 사랑받고 있다고 느끼는 게 중요하다.

"엄마는 너를 사랑해."라고 말해줘도 아이가 "엄마는 나를 사랑하지 않아."로 느끼면 그 사랑이 제대로 전달되지 않은 것이다. 받는 사람이 느끼지 못하면 사랑이 제대로 표현된 게 아니다. 정서 통장에서 출금하는 말은 아이가 사랑받고 있지 못한다고 느끼게 한다. 대체로 아이의 감정을 차단하고 소통을 가로막아 두 사람 사이를 멀어지게 한다. 3장에서는 아이의 정서 통장을 텅 비게 하는 말을 하나씩 살펴볼 것이다.

> "너 자꾸 고집부릴래? 그러면 너만 두고 갈 거야." `협박과 벌`
>
> "엄마가 대체 몇 번 말했니?
> 자꾸 그렇게 할래?" `아이가 원하지 않는 충고와 조언`
>
> "그게 뭐 그리 대단한 일이라고.
> 그 정도는 네 나이에 할 수 있어야 한다고." `평가와 판단`
>
> "오빠는 벌써 다 했던데, 너는 아직도 안 하고 대체 뭐 했니?" `비교와 무시`
>
> "너 엄마 자꾸 화나게 할래?" `비난과 비판`

제일 먼저 협박과 벌에 대한 말을 살펴보자. "너 자꾸 이럴 거야? 그러면 너만 두고 엄마 혼자 갈 거야." 이 말은 대체로 나가야 하는데 아이가 도통 움직이려고 하지 않을 때, 집에 가야 하는데 아이가 가려고 하지 않을 때, 마트에 가서 장난감을 사달라고 떼를 쓸 때 자주 쓰는 말이다. 아이가 강하게 버틸수록 쓰기 쉽다. 아이를 강제로 엄마의 뜻대로 행동할 수밖에 없도록 만든다.

"두려움만큼 사람의 마음을 신속하게 꺾을 수 있는 것이 있을까요?"

크세노폰이 《키로파에디아》에서 말한 것처럼 두려움은 사람의 마음과 의지를 꺾어버린다. 사랑하는 엄마가 너에게 벌을 주겠다는 말을 들은 아이의 마음은 어떨까? 이 말은 곧바로 아이를 두렵게 만든다. 아이는 엄마에게 늘 사랑받고 싶다. 그래서 버림받을지도 모른다는 생각은 아이를 꼼짝하지 못하게 만든다. 아이는 욕구가 꺾일수록 좌절감을 느낀다.

아이들은 현재를 산다. 앞으로 일어날 일을 크게 생각하지 않는다. 약속 시간에 대해서도 별로 개의치 않는다. 아이에게는 지금 내가 즐겁고 재미있는 게 더 중요하다. 또 가지고 싶은 게 있으면 당장 가져야 한다. 지금 가지지 못하는 것을 견디기 힘들어하고 뭐든 생각난 대로 바로 해야 직성이 풀린다. 아이가 자신의 감정에 충실할수록 엄마의 말을 잘 듣지 않는다.

욕구에 충실한 아이에게 해야 하는 일을 알려주기 위해서는 어떻게 해야 할까? 먼저 아이의 현재 욕구를 인정하고 무엇을 해야 하는지 정보를 제공해주는 것이다. 아이의 두려움을 건드리는 말을 하는 대신 상황을 설명해준다. 아이가 그 상황에서 스스로 선택하고 조절하는 힘을 기를 수 있도록 도와준다.

"사랑은 오래 참고 온유하며"《성경》에 나오는 말이다. 아이를 사랑한다는 것은 정말로 오래 참는 여정이다. 아이가 건강한 성인으로 독립하기 위해서는 배워야 할 것이 많다. 처음부터 잘할 수 있는 아이는 없다. 가르치는 부모 역시 완벽하지 않다. 그래서 아이가 혼자서 욕구를 조절할 수 있을 때까지 기다리며 도와주며 인내하는 시간을 보내야 한다.

처음에는 아이와 엄마 모두 잘되지 않지만 연습할수록 더 좋아진다. 아이가 할 수 있을 때까지 엄마가 함께한다는 마음이 필요하다. 아이는 자라면서 시간 개념을 알게 된다. 하나둘 스스로 할 수 있는 것이 많아질수록 아이의 자신감과 자존감은 높아진다.

협박과 벌이 아닌 아이가 해야 하는 행동과 정해진 시간에 정보를 제공하자. 아이가 스스로 선택하고 행동할 수 있는 힘을 기를 수 있다. 다음 네 가지 단계를 따르면 된다.

1) 아이에게 다가가서 다정하게 스킨십한다

재미있게 놀고 있는 아이는 상상의 세계에 빠져있다. 엄마가 아이의 이름을 불러도 잘 듣지 못한다. 이럴 때는 아이의 몸을 가볍게 터치한다. 머리를 쓰다듬거나 등을 쓸어 내린다. 그러면서 아이의 이름을 부르고 아이가 하던 행동을 부드럽게 멈추게 한다.

2) 아이가 눈을 본다

아이가 노는 것을 멈춘 뒤에 엄마의 눈을 보도록 한다. 아이가 집중해서 무언가를 하고 있으면 타인의 말이 잘 들리지 않는다. 아이가 중요한 내용을 들을 준비를 하는 시간이다.

3) 감정을 인정하고 시간을 알려 준다 (공감과 정보 제공)

"노는 거 재미있어?"

제일 먼저 현재 아이의 감정을 알아준다. 아이들은 명령이나 지시를 받는 것을 싫어한다. 자기가 선택하고 결정하고 싶어 하는데 아이의 감정을 공감해주면 마음이 열린다. 그래야 듣는 귀도 열린다. 들을 준비를 마친 아이에게 필요한 정보를 간단하게 알려준다. 말이 길어지면 아이는 다시 자신의 놀이를 이어가려 하니 짧고 간단하게 전달한다. 그리고 아이에게 생각할 수 있는 질문을 한다. 아이가 스스로 행동할 수 있도록 도와주는 것이다. 아이는 질문에 답을 하며 생각하고 결정하는 힘이 생긴다.

"8시 30분에 나갈 거야. 무엇을 챙겨야 할까?"

4) 아이의 눈앞에서 타이머를 맞추고 남은 시간을 알려준다

"지금부터 30분 남았어."

몇 분이 남았는지 알려준다. 시간을 알려줄 때는 아이가 준비할 수 있는 여유 시간을 둔다. 바쁠수록 아이를 재촉하게 된다.

"네가 타이머를 맞추고 필요한 물건 챙길래?"

아이에게 타이머를 맞추게 하는 것도 유익하다. 구글 타이머처럼 시간이 줄어드는 것이 아이의 눈에 보이는 타이머를 추천한다. 아이가 시간을 맞추면서 얼마 뒤에 나가야 한다는 것을 바로 알 수 있다. 이것은 시간 개념을 익히는 기회가 된다. 그런 뒤에 10분 전, 5분 전에 한두 번 아이에게 시간을 알려주거나 시간을 확인하게 한다.

"지금은 나갈 시간이야."

안 가겠다고 버티는 아이에게는 구구절절 설명하지 않는다. 아이에게 단호하게 말하고 아이의 몸을 잡고 나온다. 다정하면서도 뜻이 확고한 어른의 모습을 보여준다. 부모의 말이 많아질수록 아이에게는 약한 모습으로 비춰진다. 어떤 행동을 하기 전에 먼저 심호흡하고 아이에게 단호하게 말한다.

"더 놀고 싶은가 보구나. 정말 재미있지? 하지만 지금은 나갈 시간이야."

그래도 아이가 버틴다면 아무 말도 하지 않는다. 아이의 손을 잡거나 안아서 그 자리를 벗어난다. 자기가 원하는 것을 어떻게든 하려는 아이에게 엄마의 말은 들리지 않는다. 아이가 말을 듣지 않는다고 생각하면 엄마도 화가 난다. 아이에게 점점 더 강한 어조로 말을 할 수밖에 없다.

"자꾸 말을 안 들으면 너를 두고 간다."

"너 그러면 혼난다."

협박 또는 벌을 주겠다는 말보다는 단호하고 단순한 행동이 아이에게는 더 효과적이다. 아이의 두려움을 건드리지 않으면서 단호한 엄마의 모습을 보여줄 수 있다.

아이의 마음을 채우는 한 마디

"(눈을 바라보며) 지금은 가야 할 시간이야."

무엇을 해야 할 때 아이에게 시간 정보를 미리 제공한다. 미리 말해준 시간이 되었는데 아이가 버티면 구구절절 설명하지 않고 단호하게 행동한다. 엄마의 단호함은 아이의 두려움을 건드리지 않는다. 아이를 협박하고 벌주겠다는 말로 아이의 정서 통장에서 사랑을 출금하는 대신 엄마가 미리 말한 것을 잘 지키는 모습을 보여주자.

"내가 어릴 때 듣기 싫었던 말을 지금 내가 아이에게 하고 있어.

그것부터 바꿔보자."

어린 시절에 듣기 싫었던 엄마의 말을 막상 내가 엄마가 되니까 똑같이 말하고 있다. 다르게 말하고 싶은데 생각처럼 잘되지 않는다. 종이에 나에게 상처가 되었던 말을 써보고 그 말을 대체하는 표현을 적는다. 대체할 수 있는 말이 내 입에서 자연스럽게 나올 때까지 연습한다. 익숙해질 때까지 계속 반복하자.

엄마가 도대체
몇 번 말했어? (충고와 조언)

"엄마가 지금 몇 번을 말했는데 아직도 안 하는 거냐고!"

"엄마가 말 했어, 안 했어? 자꾸 엄마 말 안 들을래?"

"너는 왜 엄마 말을 안 듣니?"

"너는 이게 문제야. 도대체 귀를 열고 사는 거니?"

엄마가 여러 번 말해도 아이가 귀를 닫고 움직이지 않을 때가 있다. 아이에게 하라고 말했는데 하지 않는 것도 있다. 그러다 보면 말을 듣지 않는 아이를 탓하게 된다. 왜 엄마가 말한 것을 곧바로 하지 않느냐고 말이다.

그 뒤에는 명령, 충고, 조언이 이어진다. 엄마는 아이에게 자꾸 같은 말을 하게 된다. 굼뜬 아이의 모습을 보자니 속에서 열이 나고 여러 번 말했는데도 행동이 전혀 바뀌지 않으니 아이에게 무시당하는 것 같은 기분이 든다.

아이도 마찬가지로 기분이 나쁘다. 엄마가 자신을 함부로 대하고 안 좋게 평가한다고 느낀다. 같은 말이 반복될수록 잔소리로만 들리고 짜증이 난다. 엄마가 밉다. 이런 일이 반복되면 아이의 정서 통장에서 자꾸 출금이 일어난다. 서로 감정이 상하고 사이가 멀어진다.

오은영 박사는 《금쪽이들의 진짜 마음속》에서 바뀌지 않는 아이의 행동에 대해서 이렇게 설명한다. 아이가 여러 번 말해도 달라지지 않더라도 천 번, 만 번 가르쳐야 한다고 말이다. 왜냐하면 아이는 고작 '여러 번' 말하는 것으로 달라지지 않기 때문이다. 그 여러 번이 항상 똑같은 방식이면 더욱 달라지지 않는다. 아이가 말을 듣지 않는다고 다그치고 있다면 늘 같은 식으로 문제를 해결하려고 하는 건 아닌지 생각해보는 게 좋다고 조언한다.

아이가 바로 행동하지 않았을 때 생각해야 할 것은 아이도 사정이 있다는 것이다. 아이는 엄마의 말을 듣고 나서 깜빡 잊었을 수 있다. '지금 재미있는 거 먼저하고 이따가 해야지.' 생각했을 수 있다. 이건 아이의 생각을 들어봐야 알 수 있다.

"너는 엄마 말을 제대로 듣지를 않아. 왜 몇 번 말하게 하는데.

한번 말해서 하면 너도 좋고 엄마도 좋잖아. 엄마 말 좀 들으라고. 엄마가 너 잘못되라고 그러겠어?"

아이의 바뀌지 않는 행동만 보고 판단해서 충고하고 조언하고 윽박지르기만 한다면 아이는 마음의 문을 닫는다. 아이가 스트레스를 받으면 전두엽의 활동이 멈춘다. 어떠한 행동도 하지 않고 문제를 회피하려고 한다. 엄마 역시 짜증이 날수록 전두엽이 활동하지 않는다. 아이에게 계속 같은 말만 하면서 상황이 바뀌기를 바라게 된다.

"왜 이렇게 느려." 판단
"얼른 나가야 한다고 했잖아. 듣기는 한 거야? 말 좀 잘 들어라." 충고, 조언
"얼른 옷 입고 신발 신어." 명령

우리는 아이를 평가하고 판단한다. 이어서 충고하고 명령할 때가 있다. 이런 말을 들으면 아이는 기분이 나쁘다. 감정이 상한 상태에서는 엄마의 말이 잘 들리지 않는다. 이때는 눈에 보이는 상황을 있는 그대로 간단하게 설명한다. 그 다음 아이가 할 수 있는 명확한 행동과 시간을 가이드로 제시한다. 아이의 행동을 판단해서 충고하고 조언하기보다는 아이가 했으면 하는 행동을 부탁하는 말로 바꾸는 것이다.

아이가 어떤 행동을 해야 할 때는 몇 분 동안, 어떤 행동을 하

면 좋을지를 명확하게 말해준다. 아이가 고민하지 않도록 말이다. 아이에게 중요한 말을 할 때는 시선을 낮추고 아이와 눈을 맞춘다. 아이가 해야 할 행동에 대해서만 간단하게 말한다. 명령보다 허락을 구하고 부탁하는 말을 한다. 이때는 "~해." 대신 말끝에 "~ 해줄래?", "~할 수 있겠니?" 하고 말하면 된다.

"책이 바닥에 놓여있구나. 책 치우는 걸 도와주면 어떠니?" 상황 설명과 허락
"지금부터 10분 동안 책을 정리해 줄 수 있니?" 부탁
"언제 할 수 있니?" 확인

"먹은 그릇 좀 갖다 놔." 명령
"네가 먹은 건 네가 치울 줄 알아야지." 충고

"다 먹었니?" 사실 확인
"그럼 먹은 그릇을 싱크대 안에 넣어줄래?" 부탁
"다 먹은 그릇은 어떻게 하기로 했지?" 확인

아이가 어떤 행동을 해야 할 때는 눈을 바라보는 등 엄마의 말에 집중할 수 있는 환경을 만든다. 당장 해야 하는 것이 아니라면 지금 하라고 명령하지 않는다. 아이가 할 수 있는 상황인지를 확인한다.

아이의 행동을 색안경 쓰고 판단하기 전에 내가 한 말을 아이가

이해했는지 물어보는 것도 도움이 된다. 아이가 알아듣게 말했다고 생각했는데 아이는 다르게 받아들일 수 있다. 확인할 때는 "너, 엄마가 뭐라고 했어?"라고 추궁하는 듯한 말투가 아니라 "엄마가 뭐라고 말했는지 네가 이해한 대로 말해줄래?"처럼 부드러운 말로 묻는다.

간식을 먹고 난 뒤에는 쓰레기를 버리라고 했는데 아이가 버리지 않았을 때는 "우리 쓰레기 어떻게 하기로 했지?"로 아이가 기억하고 있는지 물어본다. "언제 할 생각이니?" 하고 아이의 생각을 듣는 것도 좋다.

내가 부탁한 것을 아이가 지금 당장 해야 한다고 여기는 마음을 내려놓아야 한다. 아이도 자기만의 스케줄이 있어서 엄마가 부탁한 것을 곧바로 할 수 없을 때가 있다. 아이가 어떤 반응을 보이든 있는 그대로 받아들이는 마음의 여유가 필요하다. 자칫하면 부탁이 아이에게 강요가 될 수 있다.

"지금 건조기 좀 꺼줄래?"

"싫어요."

내 부탁을 아이가 바로 거절하면 기분이 어떤가? 아이의 거절에 기분이 나빴다면 그건 부탁이 아니다. 강요한 것이다. 거절의 말을 들어도 있는 그대로 납득할 수 있어야 부탁이다.

아이가 싫다고 하면 다른 방법을 제안할 수 있다. 아이는 먼저 지금 하던 일을 끝내고 해야겠다고 생각할 수 있다. 아이의 말을 듣고 임의로 판단하기보다는 질문하며 대화를 이어갈 수 있다.

"싫다고? 그렇구나. 지금 엄마 도와주기 어렵니?"

"네. 이거 먼저 끝내고 싶어서요."

"그렇구나. 그럼, 언제 도와줄 수 있어?"

우리는 아이를 손님 대하듯이 바라볼 필요가 있다. 우리는 손님이 내 말을 듣지 않는다고 해서 그의 행동을 비난하지 않는다. 귀한 손님일수록 충고하고 조언하지 않는다.

아이를 키우다 보면 다른 집에 가서 물건을 놓고 올 때가 있다. 아이를 챙기느라 정신이 없어서 꼭 하나는 빠뜨린다. 우리 집에 다른 사람이 놀러왔을 때도 마찬가지다. 그럴지라도 우리는 손님을 비난하지 않는다. 엄마를 정신없게 만드는 아이에게도 이렇게 대해야 한다.

"당신은 정신이 있는 거예요, 없는 거예요? 지난번에도 놓고 가더니 어떻게 이번에도 물건을 놓고 갈 수 있어요? 제가 가기 전에 잘 살펴보고 챙기라고 말했잖아요. 그렇게 정신없어서 앞으로 어떻게 애를 키우려고 해요. 다음부터는 제발 제대로 챙겨요."

그 사람을 비난하는 대신 놓고 간 물건을 어떻게 하면 좋을지 연락해서 물어본다.

"아이 물건 놓고 갔어요. 어떻게 할까요?"

아이 챙기느라 그럴 수 있다고 이해해준다. 오히려 애 키우느라 얼마나 정신이 없고 힘드냐, 나도 그랬다며 실수해도 괜찮다고 말한다. 하지만 아이의 실수는 쉽게 비난하고 충고하고 아이가 원하지 않아도 해결책을 제시한다.

우리 아이를 손님을 대하듯이 바라보자. 우리는 아이에게 어떻게 말하면 더 좋은지 알고 있다. 아이의 정서 통장을 빼먹는 충고나 조언, 명령 대신 아이 스스로 행동할 수 있도록 부탁의 말을 사용한다. 아이가 제대로 이해했는지를 확인하고 아이의 생각을 물어본다. 아이가 할 수 있을 때까지 사랑하는 마음으로 인내심을 가지고 연습한다.

아이의 마음을 채우는 한 마디

"엄마가 이야기한 것 기억하고 있지?"

"그럼 언제 할 수 있을까?"

아이에게도 사정이 있으니 아이에게 어떤 행동을 하라고 이야기하기 전에 의사를 먼저 물어본다. 아이의 말과 행동을 엄마가 임의로 해석해서 아이의 정서 통장을 빼먹는 충고나 조언을 하지 않도록 주의하자.

> "괜찮아. 그럴 수 있어. 또 하면 되지.
>
> 하늘이 무너지는 일도 아닌걸."

내가 실수할 때 마음에서 어떤 목소리가 자동으로 떠오르는가? '어이구, 이 바보, 네가 그럼 그렇지 뭐. 이것도 못 하냐. 제대로 좀 해.' 내가 나에게 하는 말이 아이에게도 비슷하게 나온다. 어떤 상황이 벌어졌을 때 가장 먼저 나에게 다정하고 친절하게 말해주자. 그러면 아이에게 하는 말도 자연스럽게 달라진다.

너만 힘들어?
엄마도 힘들어 (평가와 판단)

"엄마, 왜 나만 치워야 해요? 힘들어요. 이건 내가 한 것도 아니라고요."

"네가 힘들긴 뭐가 힘들어. 거실에 있는 거 누가 어지른 건데. 지금 엄마도 치우고 있잖아. 이거 엄마가 어지른 거니? 나도 너희들이 이 난장판을 만든 것을 치우느라고 얼마나 힘든데. 너만 힘든 줄 알아? 엄마도 힘들어. 그럼 너는 치우지 마. 엄마가 여기 있는 거 다 버릴 거니까."

거실에는 온갖 물건이 잔뜩 나와 있었다. 두 아이가 실컷 놀기만 하고 치우지 않은 탓이었다. 더는 그대로 둘 수 없었다. 온갖 물건이 바닥을 다 차지해서 발 디딜 틈이 지경이었다. 아이들과 함께 청소를 하겠다고 마음먹고 먼저 두 아이에게 정리하게 했다. 둘째 아이는 조금 정리하는 척하더니 놀기 시작했다. 동생의 노는 모습을 본 첫째 아이가 계속 툴툴거리며 힘들다고 말했다. 끝도 없는 집안일에 지쳤는데 아이가 계속 힘들다고 하니 나도 모르게 짜증이 올라왔다.

그래서 아이의 감정을 알아주기보다 무시하고 평가하고 판단하는 말로 쏘아댔다. 물건을 버리겠다는 협박까지 했다. 아이는 그저 힘들다고 여러 번 말했을 뿐이었다. 처음부터 알아주고 토닥여주면 좋았겠지만 나는 아이의 감정을 차단하고 무시했다. 정리하는 시간을 아이의 정서 통장에서 출금하는 것으로 마무리했다.

별로 힘들어 보이지 않는 일도 아이는 힘들다고 말할 때가 아주 많다. 아이가 힘들다고 할 때마다 다 받아주면 앞으로는 계속 불평하는 말을 하는 아이로 자랄 것 같아서 아이가 하는 말을 무시하고 판단하고 평가하는 말을 했다.

> "그건 힘든 일도 아니야."
> "이제 초등학생인데. 그 정도는 해낼 수 있어야지. 힘들다고 하면 되겠어?"
> "네가 뭐가 힘들어. 이것보다 더 힘든 것도 있어."
> "너보다 엄마가 더 힘들어. 엄마가 하는 일이 얼마나 많은 줄 알아?" ☒

> "네가 힘들었구나."
> "그래, 힘들 거야."
> "맞아, 얼마나 힘드니." ㅇ

사실 아이가 듣고 싶은 말은 아주 간단하다. 바로 현재 자기의 마음을 알아주는 말이다. 힘들다고 말하는 아이에게 힘든데 네가 참 애쓰고 있다는 것을 알고 있다며 꼭 안아주면 되는 일이다. 그 정도만 해줘도 아이는 엄마에게 충분히 수용받는 기분이 든다. 엄마가 자신이 힘들어하는 것을 해결해주기를 바라는 것도 아니다. 해결책은 아이가 충분히 생각해낼 수 있다. "어떻게 하면 좋을까?" 아이에게 물어보면 된다.

하임 G. 가트너는 《부모와 아이 사이》에서 "아이들은 부모들이 내려준 부정적인 평가마저도 받아들인다."고 말했다. 부정적이든 긍정적이든 부모의 말을 그대로 받아들이고 마음에 새긴다는 것이다. 어릴 때부터 부모에게 자주 들은 말은 진실이 되어 아이의 마음에 깊이 남는다.

"너는 게을러."

"네가 그럼 그렇지 뭐."

"넌 정말 제대로 하는 게 없어."

우리 마음속에도 자라면서 부모에게 들은 평가가 새겨져 있을 것이다. 나는 어릴 때 엄마에게 위로받은 경험이 별로 없다.

"네가 힘들긴 뭐가 힘드니. 엄마가 더 힘들다."

"힘들어도 참아. 네가 더 잘해야지."

"너보다 힘든 사람이 얼마나 많은 줄 아니?"

엄마는 내 마음을 알아주기보다는 지금 엄마가 얼마나 힘든지를 털어놓으며 내가 더 잘해야 한다고 했다. 나보다 더 힘든 상황에 있는 사람들의 이야기를 해주며 너는 나은 거라고 했다.

나는 점점 엄마에게 솔직하게 말하지 않았다. 힘들다고 말해도 어차피 엄마는 받아주지도 않을 테니까. 그 탓인지 나도 모르게 아이의 힘들다는 솔직한 감정 표현에 감사하지 못하고 그저 불평으로만 들었다. 어린 시절, 힘들 때 엄마가 따뜻하게 위로해주기를 바랐던 것을 까맣게 잊고.

아이는 학교에서 많은 평가를 받는다. 사실은 정말 잘하고 싶은 사람은 바로 아이다. 아이들은 자라면서 외부의 평가에 점점 민감해지고 새로운 것에 도전하기 어려워한다. 그건 평가를 두려워하는 마음이 있기 때문이다. 그래서 가정에서는 아이를 평가하고 판단하기보다 아이의 마음에만 집중하고 격려하는 말을 해주는 것이 좋다.

격려는 칭찬과는 다른데 아이가 어떤 일을 해나가는 과정을 알아주는 말이다. 아이가 노력한 것, 발전되어가는 모습에 초점을 맞춘다. 특히 아이가 무엇을 하다가 힘들어할 때, 아이 스스로 실패했다고 느낄 때 매우 유용하다. 격려는 많은 말을 하지 않아도 되고 아이의 행동을 표현하는 실력이 부족해도 괜찮다.

"우와~, 와~, 이야~, 오~, 역시!"

감탄사로 아이에게 바로 반응을 보여주는 것만으로도 격려가 된다. 아이를 보며 고개를 끄덕이는 것, 말없이 손을 잡아주는 것, 머리를 쓰다듬어 주는 것만으로도 힘을 더해 줄 수 있다. 아이에게 해줄 수 있는 격려의 말은 다양하다.

> "하다가 힘들면 언제라도 엄마에게 말해줘."
> "네가 엄마 딸(아들)이라서 감사하고 행복해."
> "우와~ 이거 어떻게 한 거야? 엄마에게 알려줄래?"
> "괜찮아. 또 해볼까?"

격려에는 언젠가 아이는 해낼 거라는 믿음이 담겨있다. 네가 할 수 있을 때까지 언제나 옆에서 응원하겠다는 표현이다. 아이는 여러 번 시도해도 괜찮다는 엄마의 무한신뢰를 경험하면서 큰 힘을 얻는다. 넘어졌을 때 일어날 수 있는 회복 탄력성도 점점 커진다.

잠자리에 누워 감사한 일을 나누면서 아이를 격려해도 좋다. 특히 오늘 아이에게 고마웠던 일은 놓치지 말고 말해준다. 아이가 힘들게 해나가고 있는 것은 인정하는 말을 한다.

> "동생 데려오느라고 힘들지 않았어?
> 네가 도와줘서 엄마에게 정말 힘이 되었어. 고마워."
> "오늘 학교에서 공부하느라고 힘들었지? 애썼어. 고마워."

엄마는 아이를 사랑하기에 말을 다듬는 노력을 할 힘이 난다. 사랑은 모든 것을 이겨내고 하지 못하던 것을 가능하게 만들어주기 때문이다.

> "만일 내가 다시 아이를 키우게 된다면
> 먼저 아이의 자존심을 세워주고
> 집은 나중에 세우리라.
> 아이와 함께 손가락 그림을 더 많이 그리고
> 손가락으로 지시하는 일은 덜 하고
> 아이와 하나가 되려고 더 많이 노력하리라."

다이아나 루먼스Diana Loomans가 쓴 《만일 내가 다시 아이를 키우게 된다면》 시에 나오는 한 구절이다. 우리는 깊게 생각하지 않고 아이를 평가하고 판단하는 말을 하기 쉽다. 아이를 보는 즉시 입에서 바로 나오기 때문이다. 손가락으로 지시하고 아이가 어떻게 해야 하는지를 가르치는 건 어렵지 않다.

어렵더라도 우리 아이를 위해서라면 '엄마의 말하기'를 공부하고 연습하자. 아이가 바뀌기를 바라는 것보다 내가 바뀌는 게 언제나 더 쉽다. 아이와 좋은 관계를 맺기 위해서 노력하는 엄마가 되자.

아이의 마음을 채우는 한 마디

"하다가 힘들면 언제라도 엄마에게 말해줘."

엄마는 아이가 힘들 때 와서 편안히 쉴 수 있는 그늘이다. 아이는 외부에서 평가와 판단하는 말을 많이 듣는다. 집에서만큼은 학교에서, 유치원에서 힘들었던 것을 편안하게 말할 수 있도록 해주자. 아이의 정서 통장을 빼먹는 평가와 판단하는 말 대신에 아이를 격려하는 말을 해준다. 힘든 하루를 보낸 아이를 응원하고 격려하면서 더욱 사랑이 넘치는 관계를 맺을 수 있을 것이다.

엄마의 마음 돌보기

"괜찮아, 또 하면 돼. 할 수 있어!"

격려는 엄마에게도 필요하다. 스스로를 격려해주자. 오늘 실수를 했을지라도 괜찮다. 계속 연습하면 된다. 점점 나아지고 발전하는 나를 응원해주자. 당신은 잘하고 있고, 잘할 수 있고, 잘 해낼 것이다.

오빠는 벌써 다 했는데,
넌 아직도 안 했니? (비교와 무시)

집에 들어왔다. 첫째 아이는 들어오자마자 신발을 벗어서 신발장에 넣었다. 둘째 아이는 벗어서 현관에 떡하니 두었다. 첫째 아이는 화장실로 가서 손을 씻고 옷을 갈아입었다. 둘째 아이는 손을 씻는 게 뭔가 옷도 갈아입지 않고 거실로 가서 장난감을 갖고 놀려고 했다.

"지민아, 밖에 나갔다 왔으니까 손 씻고 옷 갈아입자."

내가 말해도 둘째 아이는 움직이지 않고 노는 것에 열중했다. 내가 몇 번을 말해도 아이는 꿈쩍 하지 않으니 나도 모르게 두 아이를 비교하는 말이 튀어나왔다.

"너 아직 손도 안 씻고 계속 놀 거야? 오빠는 다 했는데."

그런데도 아이는 움직이지 않았다.

"그럼 너는 손 씻지 마. 옷도 갈아입지 말고 거기에서 계속 놀아. 오빠만 아이스크림 먹으라고 해야겠다."

"싫어! 나도 먹을 거예요."

"아니. 넌 손 안 씻었으니까 먹을 수 없어. 오빠는 벌써 옷 다 갈아입고 손도 씻었어. 오빠만 먹으라고 할 거야."

"싫어요!"

"하민아, 너만 아이스크림 먹어. 지민이는 먹지 말고."

아이는 점점 더 격하게 반응하기 시작했다. 울면서 아이스크림을 먹겠다고 떼를 썼다. 나는 아이에게 밖에 나갔다가 들어오면 손을 씻는 것을 연습시키려고 했다. 하지만 내 말은 불난 집에 부채질한 격이었다. 아이는 손을 씻어야 한다는 것을 배우기보다는 오빠만 아이스크림을 먹는다는 것에 분노했다.

"손 씻고 아이스크림 먹을까?"

그저 아이가 해야 할 행동에만 초점을 맞추면 되었다. 손을 씻고 옷을 갈아입은 후에 기분 좋게 아이스크림을 먹는 것을 제안할 수도 있었다. 하지만 여러 번 말해도 아이가 듣지 않자 두 아이를 비교했다. 너는 하지 않았으니까 먹지 말라고 아이를 무시했다. 누군가에게 타인과 나를 비교하는 말을 들으면 어떤가? 기분이 바로 나빠진다. 그걸 알면서도 굳이 아이를 건드리고 말로 아이의 마음에 상처를 주었다. 감정이 상한 아이는 엄마의 말을 당연히 듣지 않는다.

비교는 듣는 사람의 기분을 나쁘게 한다. 단순하게 행동만 보고 판단하고 무시한 결과 우리는 아이가 가지고 있는 잠재력을 보지 못하게 된다. 심지어 아이는 엄마에게 반항하는 마음이 생긴다.

'엄마는 나보다 오빠를 더 사랑해.'

'아빠는 나보다 동생을 더 사랑해.'

비교하는 말은 듣는 사람이 수치심을 느끼게 하고 자존심을 상하게 한다. 아이의 정서 통장에서 출금을 일으킨다.

"솔개가 있었다. 솔개는 말의 울음소리를 들었다. 자기의 소리보다 말이 우는 게 더 멋지게 들렸다. 그래서 말을 흉내 냈다. 하지만 솔개는 아무리 노력해도 말의 울음소리를 제대로 배울 수 없었다. 그러는 사이에 오히려 자기의 목소리까지 잊어버리게 되었다."

《이솝우화》에 나오는 이야기다. 우리는 저마다 다른 목소리를 가지고 태어난다. 아이마다 기질, 성격이 다 다르다. 강점이 있다면 당연히 약점도 있다. 아이가 조금만 노력해도 금방 잘하게 되는 분야가 있는가 하면 아무리 노력해도 따라가기 힘든 것이 있다. 그런데 우리는 아이의 사정을 고려하지 않은 채 겉으로만 보이는 결과만 보고 '네가 노력을 덜 해서 그런 거야.'라는 식으로 무시한다.

가수 이적의 어머니이자 세 아들을 서울대에 보낸 여성학자 박혜란 님은 "아이를 다른 형제나 친구네 아이와 비교하는 버릇은 백해무익한 행동이다. 그보다는 내 아이만의 장점을 찾아서 칭찬하고 키워 주는 것이 최선의 교육"이라고 말했다. 저 아이는 해냈는데 너는 왜 하지 못하냐며 비교하는 것은 의미가 없다. 아무리 작고 사소한 행동이라도 비교당하면 기분이 나쁘다. 감정이 상하면 전두엽이 활성화되지 않아서 더 발전하려는 마음이 생기지 않는다. 아무리 노력해도 잘하는 아이를 따라잡을 수 없으니 쉽게 포기해 버리고 만다.

아이가 해야 할 행동이 있는가? 그럴수록 아이의 행동에만 초점을 맞춰서 말해주자. 오로지 우리 아이에게만 집중한다. 외출했다 돌아와 손을 씻어야 하는데 아이는 집에 들어오자마자 놀기만 한다면 엘리베이터를 안에서, 현관문 앞에서 집에 가면 무엇을 해야 하는지 미리 말해준다. 몇 번 반복한 내용이라면 아이에게 물어보고 확인한다.

"우리 밖에 나갔다 집에 들어가면 뭐부터 해야 하지?"

아이가 집에 가면 손을 씻는 거라고 말했다. 막상 아이가 집에 와서 바로 손을 씻지 않을 때도 있다. 그러면 아이가 해야 할 행동을 짧고 간단하게 말해준다. 이때는 손을 어깨에 대거나 등을 토닥여주며 아이의 눈을 보고 내 말에 귀를 기울이게 한다.

"집에 와서 뭐 하기로 했지?"

아이에게 한 번 더 물어본다. 아이가 대답하거나 답이 없다면 엄마가 해야 할 행동만 간단하게 말한다. 또는 아이가 선택하게 할 수 있다. 아이에게 자율성과 선택권을 주는 것이다.

"엄마랑 같이 손 씻을래? 혼자 씻을래?"

선택권을 줄 때는 '손을 씻는다'는 목표 행동은 같다. 엄마가 목적지를 정해주더라도 수단을 아이가 고를 수 있게 해준다. 선택권을 줄 때는 하나는 좋은 것, 다른 하나는 처벌을 제안하면 안 된다. 아이가 자신이 선택하고 결정한다고 느끼는 것이 중요하다.

우리 아이에게 비교하고 평가가 필요하다면 과거와 현재를 견주어 발전한 것에 대해서 언급하면 된다. 이것은 아이를 격려하는 말이 된다.

> "와 저번에는 10초 만에 했는데 이번에는 5초 만에 했네! 전보다 훨씬 빨라졌어."
> "우와 저번보다 엄청 더 빨라졌다."
> "저번에는 손을 바로 안 씻었는데, 오늘은 바로 손 씻네. 훌륭해."
> "벌써 이렇게 많이 컸어? 정말 멋지다. 네가 자랑스러워."

어떤 행동을 누구보다 잘해서 엄마가 사랑하는 것이 아니라는 점을 평소에 자주 알려주는 게 좋다. 가장 좋은 것은 존재만으로 충분하다는 말이다. 이런 말을 자주 들려주자.

> "엄마는 네가 있어서 감사해."
> "엄마는 우리 아들(딸)이 있어서 행복해."
> "엄마의 아들(딸)로 와줘서 고마워."
> "넌 엄마의 보물이야."
> "엄마는 너를 생각하기만 해도 기분이 좋아서 웃음이 나와."
> "넌 엄마의 비타민이야. 엄마가 피곤하고 힘들 때 힘이 나게 해주거든."

말할 때는 스킨십과 함께 사랑을 담자. 아이는 엄마의 말뿐만 아니라 엄마의 눈빛, 손길에서도 사랑을 느낀다.

> "자네가 어떤 일에 훌륭해 보이기를 원한다면 실제로 유능해지도록 노력해야 하네. 그게 가장 빠르고 가장 안전하고 가장 훌륭한 길일세."

《소크라테스의 변명》에서 소크라테스는 이렇게 말했다. 우리는 아이에게 가장 좋은 롤모델이다. 아이와 좋은 관계를 맺고 싶다면 나부터 말을 바꿔야 한다. 아이를 타인과 비교하며 무시하는 말은 하기 쉽다. 연습하지 않아도 자동으로 나온다. 이것은 아이의 정서 통장에서 출금하는 말로 아이와 관계를 멀어지게 한다.

　제대로 된 비교는 우리 아이의 어제와 오늘을 견주어보는 것이다. 다른 집 아이와 우리 아이를 비교하는 일은 불필요하다. 아이가 해야 할 행동, 더 발전해야 할 단계가 있다면 그것에 대해서만 말해주자. 그리고 앞으로 더 나아질 수 있다고 격려하면 된다.

아이의 마음을 채우는 한 마디

"어제보다 10초나 빨리 손 씻으러 갔구나!"

비교하는 말을 하고 싶다면 아이의 발전된 행동에 초점을 맞춰서 말해주자. 아이의 정서 통장에서 사랑을 빼먹는 말보다는 어제보다 더 나아졌다는 말이 낫다. 이런 말은 아이와 엄마 모두를 기분 좋게 만들어 준다. 격려의 말이 정서 통장에 입금되면 아이는 앞으로 더 잘하고 싶다는 마음이 생긴다.

엄마의 마음 돌보기

"어제보다 오늘 더 나아지고 있어."

아이뿐만 아니라 나에게도 자주 해야 하는 말이다. SNS에는 나보다 잘하는 엄마들이 많아도 너무 많다. 그들과 나를 비교하는 건 아주 쉽다. 눈에 보이는 즉시 비교 모드에 들어가기 때문이다. 타인과 비교에서 한 발 떨어지기 위해서는 홀로 있는 시간을 만들어서 내 모습을 찬찬히 살펴보는 것이 필요하다.

소크라테스는 "곰곰이 생각해보면 인간들 사이에서 미덕이라고 불리는 것은 모두 학습과 연습으로 증대된다는 것을 알게 될 걸세."라고 말했다. 내가 바꿔야 할 일에 집중하고 연습하자. 어제보다 오늘 하나라도 나아지면 된다. 타인과 단순하게 비교하며 못하고 있는 나를 비난하는 것도 습관이다. 앞으로는 내가 어떤 발전을 하고 있는지에 초점을 맞추자.

너 자꾸 엄마
화나게 할래? (비난과 비판)

아이의 감정이 가라앉기까지 시간이 걸리는 날이 있다. 내가 아무리 말로 설명해도 소용없다. 아이는 귀를 닫고 내 말을 전혀 듣지 않으려 한다. 하루에도 여러 번 징징거리는 소리를 듣다 보면 참을성이 바닥나는 순간이 찾아온다. 주로 바쁜 아침 시간, 저녁 시간, 잠들기 전이다. 나도 다섯 살 아이와 감정 수준이 똑같아진다.

"너 자꾸 엄마 화나게 할래?"

"한 번만 더 그렇게 해봐. 엄마한테 혼날 테니까."

아이가 내 말만 잘 들었어도 (그렇게만 행동하지 않았어도) 나는 아이에게 화내지 않을 텐데. 아이를 도저히 이해할 수 없다. 아이가 그 행동을 하지 않았으면 내가 화가 나지 않았을테니 모든 문제는 아이 때문이다. 내가 화난 것을 아이 탓으로 돌린다. "네가 나를 자꾸 화나게 하잖아."

"너는 왜 이렇게 엄마 말을 안 들어!"

"그만 좀 해. 엄마가 너 때문에 얼마나 힘든지 알아?"

가만히 살펴보면 내 안에는 아이는 이렇게 행동해야 한다는 굳은 생각이 있다. "엄마는 이래야 한다.", "아이는 이래야 한다.", "남편은 이래야 한다."처럼 확고한 생각은 고정관념이다.

내 고정관념 중 하나는 '엄마는 아이에게 화를 내면 안 된다'는 것이었다. 그래서 아이에게 화를 낸 뒤에 감정이 가라앉으면 나 자신을 끝없이 공격하며 자책하고 후회했다. 고정관념은 눈에 보이지 않지만, 머리 안에 바위처럼 단단하게 자리 잡고 있다.

고정관념은 사람들을 행동하게 한다. 생각대로 되지 않을 때는 불안하고 행동이 급해진다. 큰일이 생길 것 같고 마음이 편안하지 않다. 한편으로는 고정관념의 색안경을 끼고 타인을 본다. 타인을 보면서 '아니, 어떻게 그렇게 행동할 수가 있지? 이해할 수가 없어.'라는 생각이 든다. 내 생각대로 되지 않아 화가 났을 때는 왜 화가 났는지 살펴보는 게 좋다.

> "친구와 사이좋게 나눠서 놀아야지. 그래야 착한 아이지. 자기 것이라고 우기기만 하면 이기적인 아이야."
> "어른을 보면 인사를 해야 해야지. 왜 보기만 하고 인사를 안 하니? 엄마가 그렇게 가르쳤어?"
> "왜 이렇게 고집이 세니? 엄마 말 좀 들어라."

내 생각과 규칙대로 행동하지 않는 아이를 쉽게 비판한다. 그 말이 아이의 마음에 상처를 남긴다. 한편 그 비난의 말은 은연중에 아이 마음에 새겨져 아이가 스스로를 비난하는 말이 된다.

비난과 비판 역시 아이의 정서 통장을 빼먹는 말이다. 누군가가 나보고 틀렸다고 말하면서 행동을 바꾸려고 할수록 반발한 경험이 있지 않은가? 아이도 마찬가지다. 생각과 감정, 행동을 비난하며 바꾸려 할수록 아이는 오히려 자기의 생각을 굽히지 않는다. 그러다 보면 각자의 생각만 주장하느라 힘겨루기를 한다.

감정은 억누르고 참는다고 사라지는 것이 아니다. 불타오르는 격한 감정일수록 누군가 그 마음을 알아줘야 꺼진다. 이것은 아이나 어른 모두 마찬가지다. 마음을 알아주고 욕구가 채워졌을 때 비로소 잠잠해진다. 우리는 매 순간 아이가 주는 자극에 어떻게 반응할지 선택해야 한다.

"신이시여, 제게 바꿀 수 없는 일을 받아들이는 평화를, 바

꿀 수 있는 일을 바꾸는 용기를, 그리고 그 둘을 구분할 수 있
는 지혜를 주소서."

라인홀드 니부어Karl Paul Reinhold Niebuhr의 〈평온을 비는 기도〉를 읽
어보자. 세상에는 내가 바꿀 수 없는 일과 바꿀 수 있는 일이 있다.
이것을 구분하고 할 수 있는 일에 집중하는 태도가 마음의 평온을
가져온다. 아이를 비난하기 전에 구분해야 할 것은 두 가지다.

1) 내가 바꿀 수 없는 것인가?

"그대는 아이들에게 사랑을 줄 수 있으나, 그대의 생각까지
주려고 하지 말라. 아이들에게는 아이들의 생각이 있으므로."

칼릴 지브란Kahlil Gibran이 쓴 잠언 시집 《예언자》에서 〈아이들에
대하여〉 속 구절이다. 아이의 생각과 감정은 내가 통제하기 어렵
다. 아이는 자기가 생각하고 느낀 것을 솔직하게 표현한다. 지금
느끼는 자기의 욕구를 최우선으로 채우려고 한다.

2) 내가 바꿀 수 있는 것인가?

"그러므로 우리가 방해받거나, 불안해하거나, 슬픔을 느낄

때 결코 타인을 책망해서는 안 된다. 오히려 우리 자신을, 즉
우리의 믿음(생각)을 탓할 일이다."

철학자 에픽테토스Epikttos는 이렇게 말했다. 아이가 나를 화나
게 하고 말을 듣지 않고 자기 고집대로만 하려고 한다. 그럴수록
'아이만의 사정이 있다, 그럴 수 있다'를 받아들이고 아이를 바라
본다.

'우리 아이는 무슨 욕구를 채우려고 하는 거지?'

'지금 아이에게 어떤 도움이 필요하지? 어떻게 해결하면 좋을까?'

아이의 행동을 이해하기 어려울수록 이렇게 질문하고 아이를
바라보자. 이때 아이가 욕구를 해결하는 방식이 내 마음에 들지
않을 수 있다. 아이가 내 말을 듣지 않는 것 같기 때문이다. 그럴
수록 아이에게 집중해보자.

내 고정관념은 평소에는 자각하기 어렵지만 감정적일 때 그 생
각의 뿌리를 찾을 수 있다. 그것을 인지할 때 감정이 차츰 가라앉
는다. 내 마음이 차분해야 아이의 행동만 보고 비난하고 비판하
는 것을 멈출 수 있다. 그런 뒤에 아이의 마음, 지금 바라는 것, 욕
구를 세심하게 살피며 알아준다.

"다른 사람도 자신도, 비난하지 않는 것은 교육받은 사람의

행동이다. 어떤 것에 대해서도 '반드시 이러이러 해야 해'라는 말에 속박되지 않는다."

에픽테토스의 말이다. '반드시 이러해야 한다'라는 프레임으로 나와 아이를 바라볼 때는 비난하기 쉽다. 그러나 우리는 모두 완벽한 사람이 아니다. 경험하고 배우며 성장하는 중이다. 누군가에게 완벽함을 기대할수록 모든 여정이 힘들고 버거워진다.

완벽한 엄마, 좋은 엄마가 되려고 할수록 나를 비난하기 쉽다. 내 기준에 맞는 완벽한 아이, 착한 아이를 만들려고 할수록 아이를 비난하게 된다. 그러면 아이의 정서 통장에서 출금이 일어나고 관계가 멀어진다. 이제는 비난과 비판하려는 말이 나올 때마다 아이와 나에게 어떤 도움이 필요한지를 질문하면서 관찰하자. 나 자신과 아이의 불완전함을 받아들이는 것부터 시작이다.

아이의 마음을 채우는 한 마디

"엄마가 어떻게 도와주면 좋을까?"

아이의 정서 통장을 출금하는 비난과 비판의 말 대신에 아이에게 필요한 도움이 무엇인지 생각해보자. 모든 아이는 욕구대로 행동한다. 아이의 행동이 이해되지 않을수록 엄마의 감정이 격해지니 차분히 상황을 파악할 필요가 있다. 아이에게 질문하면서 이때 엄마가 해줄 수 있는 것과 없는 것을 구분하고 아이에게 딱 맞는 도움을 주는 것이 좋다.

엄마의 마음 돌보기

"나는 지금 화가 나."

엘리자베스 퀴블러 로스의 《인생 수업》을 보면 사람들은 자기는 절대로 화를 내지 않는 착한 사람인 척한다는 표현이 나온다. 엄마에게도 여러 가지 감정이 있다. 화나 분노는 참는다고 사라지지 않는다. 엄마는 건강하게 분노를 표현하는 법을 연습해야 한다. 아이에게 엄마가 느끼는 감정을 솔직하게 말하자. 그래야 아이가 표현하는 감정도 있는 그대로 바라보고 받아들일 수 있다.

4장

아이의
자존감을
세우는
말

"이러다 늦어. 빨리빨리 해"

- 재촉하는 대신 아이가 움직이게 하는 말

아침마다 전쟁이다. 아이가 뭉그적거리고 꾸물꾸물거릴수록 내 마음은 점점 바빠진다.

"빨리 일어나!"

"빨리 화장실 가. 세수해!"

"빨리 먹으라니까. 안 먹으면 치운다."

"너 그러다 지각한다고. 얼른얼른 움직여!!"

아무리 빨리하라고 다그쳐도 소용없다. 아이는 세상 여유 있다. 제시간에 가는 게 뭐가 중요하냐는 듯이. 그런 모습을 보면 속에서 천불이 난다. 결국 아이의 정서 통장을 빼먹는 말로 아침을 채운다.

"이렇게 꾸물거리면 앞으로 네가 알아서 해. 엄마는 먼저 나갈 거야." 협박
"그러니까 일찍 자라고.
네가 늦게 자니까 일어나는 게 힘든 거 아니야!" 비난
"얼른 움직여. 넌 왜 이렇게 게으른 거니?" 평가와 판단
"오빠 좀 봐. 벌써 다 했잖아. 저런 것 좀 보고 배워라." 비교와 무시

　한바탕 전쟁을 치르고 아이를 보낸 뒤에는 힘이 쏙 빠진다. 그러면 후회가 몰려온다. 아침을 기분 좋게 시작하는 게 중요하다는데 그렇게 하지 못했다. 아이에게 미안한 마음을 추스르며 굳게 다짐한다.
　'내일은 그러지 않을 거야, 아이가 돌아오면 안아주고 사랑한다고 말해줘야지!'

　엄마가 되고 보니 돌아보면 늘 후회하는 지점이 있다. 조급한 마음에 아이에게 부정적인 말을 쏟아내고 난 뒤엔 특히 그렇다. 말은 뱉으면 다시 담을 수 없다. 내가 한 말이 아이의 마음에 남아 시간이 지나도 아이를 괴롭히지 않을까 걱정된다. 아침에 좋은 말로 기분 좋게 아이를 보내지 못한 게 계속 걸려 마음이 불편하다.

하지만 후회, 자책은 그때뿐이다. 비슷한 상황이 벌어지면 또 아이에게 거칠게 쏘아붙이는 것을 반복한다. 어제의 다짐은 마음이 바빠지니까 홀라당 까먹는다. 아이를 보내놓고 다시 후회한다. 도돌이표 노래가 따로 없다.

누구나 쉽게 바뀌지 않는 말 습관이 있다. 그걸 어떻게 바꿔야할지 몰라서 그냥 습관대로 내뱉는 경우가 대부분이다. 이런 반복을 끊어내고 싶은가? 아이와 기분 좋은 아침을 보내고 싶은가? 말하기 방법을 바꾸면 아이가 스스로 시간 맞춰 움직이게 된다. 어떻게 말해주면 좋을까?

1. 엄마의 마음

한정된 시간 동안 무엇을 해야 할 때는 마음이 바쁘다. 아이가 어린이집이나 학교에 늦지 않게 가는 것이 중요하기 때문이다. 아이의 지각이 엄마가 아이를 제대로 챙기지 못했다는 증거 같다. 바쁜 내 마음과 다르게 아이는 세상 여유롭다. 뭐라도 먹고 가야 배가 안 고플 텐데 아이는 배가 안 고프다며 깨작거린다. 얼른 옷을 입어야 하는데 장난감을 가지고 논다. 그런 모습을 보고 있으면 속에서 천불이 나고 자꾸 재촉하는 말이 입 밖으로 나온다.

> "얼른 서두르라고."
> "빨리 빨리해. 늦었다니까."

2. 아이의 마음

엄마가 서두르라고 하면 이상하게 더 움직이기 싫다. 내가 원해서 아침에 일어나 학교에 가는 게 아니고 시간표를 원하는 대로 정한 게 아니다. 학교에서 정한 대로, 엄마가 하라는 대로 따라야 하는 것이 마음에 안 든다. 엄마는 매일 같은 말을 반복하며 재촉하기만 하고 잔소리는 그만 듣고 싶다. 아침에 잠을 더 자고 싶을 뿐이고 배도 안고픈데 일어나자마자 아침을 먹어야 한다. 일어나서 학교에 갈 때까지 기억에 남은 건 엄마의 화난 목소리뿐이다. 오늘도 아침부터 기분이 나쁘다.

3. 아이가 스스로 움직이게 도와주는 관계존중대화법

가장 바쁜 아침을 여유롭게 보내려면 아이가 시간을 지키는 연습을 해야 한다. 어디에 갈 때는 약속 시간을 알려준다. 시간을 지키는 것은 노력이 필요한 일이고 잘 할 수 있을 거라고 격려해준다.

1) 아침에 아이가 좋아하는 방법으로 일어나도록 도와준다

아이와 자기 전에 엄마가 바쁜 아침에 느끼는 감정을 솔직하게 말한다. 그리고 아이가 아침에 기분 좋게 일어나기 위해서 어떻게 하면 좋을지 방법을 함께 정한다.

"엄마는 아침에 마음이 바빠. 정해진 시간에 끝내야 하는 일이 있으니까. 그러다 보면 자꾸 재촉하게 돼. 하지만 엄마는 네가 아침에 하루를 기분 좋게 시작하면 좋겠어. 어떻게 하면 좋을까?"

아이가 먼저 아침에 일어나는 방법을 생각하도록 질문한다. 학교에는 몇 시까지 가야 하니까 여유 있게 준비할 수 있는 시간도 아이가 정한다. 아이가 어리다면 엄마가 여러 방법을 제안하고 고르게 한다. 아침에 일어나는 방법에서 아이에게 선택권을 준다.

① 알람 시계 이용하기: 아이가 일어나겠다고 말한 시간에 알람이 울리도록 직접 시계를 맞추게 한다.
② 아이가 좋아하는 책을 읽어주기: 자기 전 아이에게 아침에 엄마가 책을 읽어주며 깨워줄 테니 책을 고르라고 한다. 잠잘 때 아이 머리 위에 놓아둔다.
③ 마사지, 간질이기, 쓰다듬기, 뽀뽀해주기: 뇌가 깨어나는 방법이다. 마사지, 스킨십으로 아이를 깨우며 아이에게 깨어날 때 사랑한다는 말을 들려준다.

2) 더 자고 싶은 아이의 마음을 알아준다

아이는 아침에는 더 자고 싶은 마음을 누르고 힘들게 일어난다. 아이가 일어나기 위해 애쓰고 있다는 것을 알아준다. 아침에 뇌가 빨리 안 깨는 아이들도 있다. "일어나!"보다는 "좀 더 잘 수 있어."라는 말이 아이가 듣기에 더 낫다. 원래 일어나야 하는 시간보다 5~10분 더 일찍 깨워서 멍한 상태로 잠깐 시간을 보낼 수 있도록 한다. 아이는 아침에 일어나야 해서 짜증이 나도 좀 더 잘 수 있다는 생각에 기분이 나아진다.

> "일어나고 싶은데 눈이 잘 안 떠지나 봐."
>
> "아침에 일어나는 거 힘들지? 엄마도 학교 다닐 때 그랬어."
>
> (10분 일찍 깨우며) "10분 더 자도 돼."

3) 남아있는 시간을 말해준다

나가기 전까지 남은 시간을 알려준다. 시간이 줄어드는 게 눈에 보이는 구글 타이머를 활용하는 것도 괜찮다. 타이머를 쓸 때는 아이가 직접 시간을 맞추게 한다.

> "8시 30분에 나갈 거야. 앞으로 30분 남았어. 타이머를 네가 맞출래?"

4) 아침 메뉴와 먹는 시간을 정한다

아이가 먹고 싶은 아침 메뉴를 미리 정한다. 엄마는 선택지를 두 가지로 준비해두고 그중에서 고르게 한다. 몇 시에 먹을지, 얼마 동안 먹을지 아이와 같이 정한다. 그 다음 정해둔 시간에 맞춰서 먹는 연습을 한다. 아이가 말한 시간이 되면 알람을 울린다. 밥 먹는 시간에 종소리를 들려줘도 괜찮다. 아이가 엄마가 부르는 소리를 잘 듣지 못하면 아이에게 다가가서 등이나 머리를 쓰다듬으며 말해준다.

> "내일 아침으로는 토스트와 밥 중에서 뭐를 먹고 싶니?"
>
> "아침은 몇 시부터 몇 시까지 먹으면 좋을까? 몇 분 먹으면 되겠니?"

"8시야. 지금은 아침 먹을 시간이야."

"일을 처리할 때 흐르는 물과 떨어지는 꽃처럼 침착하고 여유 있게 하면 항상 흥취가 넘칠 것이다."

《채근담》에 나오는 글이다. 내 안에 있는 조급한 마음을 내려놓으면 외부 상황에 끌려다니지 않을 수 있다. 바쁠수록 평정심을 잃고 감정에 휘둘리기 쉽다. 아침에 아이가 시간을 지키는 연습을 하도록 도와주자. 육아는 아이가 건강하게 독립하는 것을 준비하는 긴 여정이다. 시간을 잘 지키는 습관은 아이가 성인이 되었을 때에도 유익하다.

아이가 반복해서 연습해야 하는 상황일수록 엄마가 침착하고 여유 있게 해나가는 모습을 아이에게 끊임없이 보여주어야 한다. 그러면서 아이와 엄마가 서로 기분 좋게 할 수 있는 방법을 찾아보자. 둘 모두에게 알맞은 방법을 찾았다면 자연스럽게 될 때까지 하면 된다.

"아침에 일어날 시간을 정해볼까?"

아이에게 아침에 일어날 시간을 결정할 수 있는 선택권을 준다. 스스로 시간을 정하고, 그 시간에 맞춰 움직이는 것도 연습이 필요하다. 조급한 마음에 아이를 감정적으로 대하는 대신 아이가 자신의 시간을 효율적으로 쓰는 방법을 연습하는 기회를 제공하자.

"아침 시간을 기분 좋게 보낼 수 있어. 연습할수록 점점 좋아져."

아이와 엄마 모두 연습할수록 더 좋아진다. 아침을 기분 좋게 보내는 방법을 찾아보자. 엄마의 말이 아이의 기분에 영향을 미친다. 아침에 아이에게 안 좋은 소리를 했을지라도 아이가 집을 나설 때 아이를 안아주고 "사랑해, 고마워." 하고 말해주자. 아이가 앞서 느낀 감정을 덮어주고 마음이 편안하도록 바꿔준다. 아이의 마음이 편안해야 학교, 유치원에서 학습을 더 잘 받아들인다. 아이가 집 밖에 나설 때 엄마에게 어떤 말을 들었는지에 따라서 하루의 시작이 달라진다는 것을 기억하자.

"엄마 좀 건드리지 말라고!"

- 분노나 폭발 대신 한계를 알려주는 말

잠자려고 누워 있을 때는 인내심이 약해진다. 몸과 마음이 모두 피곤해서 얼른 편하게 쉬고 싶다는 욕구에 충실하다. 1분이라도 빨리 잠들고 싶다. 하지만 아이들은 자려고 누워서도 에너지가 남았는지 금방 잠들지 않는다. 자꾸 둘이 놀려고 하면 아이들에게 말한다.

"얼른 자자. 빨리 자야 내일 아침에 일어나지."

아이들에게 자라고 말하는데 둘째 아이가 요구하기 시작한다.

"엄마 물 주세요."

무거운 몸을 겨우 일으켜 물을 갖다준다.

"됐지? 이제 자자."

그 뒤에 첫째 아이가 나를 부른다.

"엄마 등 긁어 주세요. 엄마 안아주세요."

오빠에게 질세라, 둘째 아이도 똑같이 말한다.

"엄마 나도 안아주세요."

양팔로 두 아이를 안아준다. 첫째 아이의 등을 긁어 준다. 잠자려고 누워서까지 아이들의 요구는 끝이 없다. 아이들은 한참을 이것저것 요구하다가 그제야 잠을 자려고 한다. 아이들이 잠드는 데까지는 1시간이 넘게 걸린다. 평소보다 내 몸이 굉장히 피곤한 날이 있다. 빨리 잠들고 싶은데 하필 그런 날 첫째 아이는 발을 꼼지락거리면서 자꾸 내 몸을 건드린다. 그때 나도 모르게 아이에게 격하게 화를 내고 만다.

"엄마 좀 건드리지 마! 네가 자꾸 치니까 잠을 잘 수가 없잖아!"

나는 소리를 지르고 잔소리를 늘어놓는다.

> "엄마 건드리지 말라고 몇 번을 말했어?" 충고
> "네가 자꾸 툭툭 치면 잠을 못 자서 얼마나 힘든 줄 알아?" 비난
> "계속 건드리면 엄마는 이 방에서 나갈 거야. 너네끼리 놀다가 자든지 알아서 해." 협박

분노에 휩싸여서 아이의 감정 계좌를 빼먹는 말만 내뱉는다. 아이는 침울하게 웅크린 채로 잠든다. 분명히 눕자마자 바로 잠

146

들 것처럼 피곤했는데 화를 낸 뒤로는 잠이 오지 않는다. 아이가 잠든 모습을 보면서 후회가 밀물처럼 몰려온다.

나는 밤에 유독 취약하다. 밤에는 쉽게 인내심이 바닥나고 의지력이 고갈되어 심한 날에는 격한 말을 내뱉다가 애들만 놔두고 방 밖으로 나간 적도 있다. 매일 '내일은 이러지 말아야지.' 생각하면서도 잘 바뀌지 않는다. 이성이 말을 듣지 않고 감정이 운전하는 시간이기 때문이다. 하지만 계속 이런 일을 반복할 수 없다. 후회는 문제가 있으니 아이와 나에게 맞는 해결책을 찾으라는 신호다. 아이에게 화를 내는 대신 엄마의 한계와 욕구를 알려줄 수 있다. 후회를 멈추는 말하기, 어떻게 하면 좋을까?

1. 엄마의 마음

자기 전에 잔소리를 가장 많이 하게 된다. 나도 어릴 때 늦게 자고 싶어 했는데 아이는 오죽할까. 하지만 밖에서 종일 일하고, 집에 와서 집안일하고, 아이들을 돌보느라 내 에너지는 이미 바닥났다. 너무 피곤하다. 아무도 나를 건드리지 않았으면 좋겠다. 아이가 잠들어야 하루가 끝이 나는데 빨리 아이를 재우고 나만의 시간을 갖고 싶다. 그런데 아이는 금방 잠들지 않는다. 자려고 누우니 어이없는 것을 요구한다. 아이가 잠을 방해해서 분노와 짜증이 올라온다.

2. 아이의 마음

정말 자기 싫다. 학교와 어린이집을 끝나고 집에 오면 어느새 저녁 먹을 시간이다. 오늘도 제대로 못 논 것 같다. 얼마 안 놀았는데 엄마는 자라고 한다. 엄마가 계속 자라고 잔소리하니까 눕긴 누웠지만 잠이 오지 않는다. 목이 마르고 아까 엄마가 읽어주던 책도 다시 보고 싶다. 화장실에 가고 싶은데 혼자 가기 무섭다. 잠들지 않아도 되는 상황을 계속 만들어낸다. 할 수 있다면 조금이라도 더 늦게 자고 싶다.

3. 아이가 스스로 움직이게 도와주는 관계존중대화법

1) 더 놀고 싶어 하는 마음 알아준다

"밤에 잠이 잘 안 오지? 더 놀고 싶지? 엄마도 그랬어."

아이가 자고 싶어 하지 않는 마음을 공감해준다. 엄마가 "얼른 자라고!" 말할수록 아이는 더욱 자지 않으려고 한다. 다른 사람이 강요하는 것을 하고 싶지 않기 때문이다. 잠들고 싶지 않은 아이의 마음을 알아주고 해야 할 일에 대해서 간단하게 언급한다.

2) 아이와 잠자는 시간을 정한다

아이에게 10시부터 2시까지는 우리 몸에서 키가 잘 자라는 호르몬이 나온다는 것을 알려준다. 또 키가 크고 싶으면 잠을 충분히 자는 게 좋다는 것을 말해준다. 그 뒤에 몇 시에 잠자리에 들지 상의하고 아이가 시간을 정하도록 한다.

아이가 정한 시간 30분 전에 알람을 맞춘다. 30분 동안 자기 전 해야 할 일을 한다. 미리 화장실도 갔다 오고 물도 마신다. 침실에 아이가 마실 물도 갖다 놓는다.

> "9시에서 9시 30분 사이에 잠자러 가면 어떻겠니? 넌 몇 시에 자러 가고 싶어?"
>
> "9시에 잘래? 9시 20분에 잘래?"

3) 엄마의 욕구를 알려주고 한계를 정한다

엄마는 아이에게 솔직하게 왜 잠을 자기를 바라는지 말해준다. 엄마도 쉬고 싶다는 것을 아이에게 명확하게 알려준다. 그 욕구가 채워지지 않았을 때 화가 난다는 것도 설명한다. 아이에게 지켜야 하는 한계선을 정하고 부탁한다.

> "엄마는 밤에 피곤해. 빨리 쉬고 싶어.
> 네가 자야 엄마도 쉴 수 있어." 상태와 욕구 설명

4) 스트레칭과 마사지를 해주며 아이와 스킨십한다

몸을 풀어주는 간단한 스트레칭을 한다. 아이 몸을 마사지해준다. 머리를 쓰다듬어 주고 꼭 안아준다. 발을 눌러주고 손도 잡아준다. 아이뿐만 아니라 엄마도 함께 스트레칭을 한다. 몸이 이완되면서 기분이 좋아진다.

5) 잠자리 대화를 나눈다

아이와 친밀한 대화를 나누는 시간을 가진다. 오늘 서로에게 감사한 것, 학교나 어린이집에서 있었던 일, 요새 힘든 일을 물어보고 함께 이야기를 나눈다. 아이의 이야기를 귀 기울여 들어준다. 아이는 화난 것, 두려운 것, 속상한 것, 즐거웠던 일을 말할 수 있다. 아이의 말에 맞장구를 쳐준다. 조언이나 충고가 아니라 온전히 수용받는 기분을 느낄 수 있도록 아이의 말에 집중한다. 이런 시간을 가지다 보면 아이는 엄마가 자기의 말을 잘 들어주는 시간을 기다린다.

"내 마음속에서 싸움이 벌어지고 있단다. 이건 두 늑대 사이에서 일어나는 끔찍한 싸움이지. 하나는 악이야. 화, 질투, 슬

품, 후회, 욕심, 오만, 죄책감, 억울함, 열등감, 거짓말, 헛된 자만심, 우월감, 그리고 자존심이야. 다른 하나는 선이야. 그는 기쁨, 평화, 사랑, 희망, 평온함, 겸손, 친절, 자비, 공감, 너그러움, 진실, 연민, 그리고 믿음이란다. 똑같은 싸움이 네 마음 안에서 일어나고 있어. 다른 사람의 마음도 마찬가지지."

할아버지의 말을 듣고 아이가 물었다.

"어떤 늑대가 이기나요?"

인디언 할아버지가 대답했다.

"그건 네가 먹이를 주는 놈이지."

체로키족 인디언 우화에 나오는 〈두 늑대 이야기〉다. 내 안에는 두 마리 늑대가 싸우고 있다. 내가 먹이를 주는 쪽 늑대가 마음을 장악하고 입에서 나오는 말을 정한다. 거친 말이 나오기도 하고 부드럽고 친절한 말이 나오는 때도 있다. 이건 몸의 상태와 직결된다. 내가 피곤한 때에는 자제력과 인내심을 유지하기 어렵다. 욕구가 채워지지 않으면 상대방을 비난하는 말을 한다.

자신이 언제 폭발하는지 살펴보자. 그러면 나도 모르게 반복적으로 격해지는 순간을 알 수 있다. 내 패턴을 자각해야 아이에게 엄마의 중요한 욕구를 알려주고 한계를 설정해서 부탁할 수 있다. 아이는 엄마의 욕구와 한계를 제대로 알수록 서로를 존중하는 방법을 배울 수 있다.

"밤에 네가 일찍 자야 엄마가 쉴 수 있어.
엄마는 밤에 쉬고 싶거든. 엄마를 도와줄 수 있을까?"

아이도 엄마에 대해서 알아야 한다. 엄마는 언제 예민해지는지, 어떨 때 화가 나는지, 어떤 욕구를 가지고 있는지 아이에게 설명해주는 게 좋다. 아이는 엄마의 행복과 편안함을 바란다. 아이에게 엄마의 욕구와 감정의 한계를 알려주고 도움을 청해보자.

"내 마음의 정원을 가꾸는 사람은 바로 나야.
마음에 좋은 생각, 씨앗을 계속 뿌리자."

우리 마음에는 정원이 있다. 그곳을 관리하는 사람은 바로 나다. 내가 어떤 생각의 씨앗을 심는지에 따라서 정원의 모습과 열매가 달라진다. 내 마음을 가꾸는 좋은 말의 씨앗을 계속 심어주자. "사랑합니다. 감사합니다. 괜찮아."를 자신에게 자주 말해주자.

"하지 않기로 했는데 왜 또 말하는 거야!"

- 무시나 설교 대신 조절을 알려주는 말

"오늘 아직 시간이 있으니까 게임 해도 되지 않아요?"

온 가족이 바다에 갔다 온 날이었다. 아이와 바다에 갔다 와서는 게임을 하지 않기로 약속했다. 그런데 집에 오자마자 게임 이야기부터 하는 아이가 마음에 들지 않았다. 바다에서 놀고 온 뒤라 너무 피곤해서 아이의 바람을 받아줄 마음의 여유가 전혀 없었다.

'오늘 바다에서 재미있게 놀았으면 충분한 거 아냐? 그리고 게임 그거 오늘 하루 못 한다고 뭐 그게 큰일이라고.'

솔직히 아이의 마음을 헤아리기 어려웠다. 나는 바로 날이 선 말투로 맞대응했다. 게임을 하면 안 되는 이유부터 바로 들이댔다. 아이의 감정, 바람은 무시하고 논리적인 이유를 대며 설교했다.

"오늘 바다에 가기로 하면서 게임은 안 하기로 했잖아. 이미 끝난 이야기를 왜 또 꺼내니? 어제 안 하기로 했으면 오늘은 안 해야 하는 거야. 그리고 게임 그거 하루 안 하면 큰일 나니? 굳이 지금 게임한다고 말해야 해? 오늘은 게임 이야기 금지야!"

아이는 내 말을 듣자마자 금세 기분 나쁜 얼굴이 되었다.

"아이스크림 먹어도 돼요?"

아이는 조금 뒤에 다른 것을 말했다. 그것 역시 오늘은 안 하기로 한 거였다. 안 하기로 한 것을 여러 번 말하게 한다는 생각에 짜증이 더 올라왔다.

"그건 아까 안 먹기로 한 거였잖아."

"언제요! 저는 못 들었다고요. 엄마는 왜 제가 하고 싶은 것을 다 못하게 해요?"

"못하게 한 게 아니라 네가 말을 제대로 안 들은 거지. 아빠가 오늘은 아이스크림 안 된다고 하셨어."

"저는 못 들었다고요!"

우리는 같은 대화를 반복했다. 그럴수록 나는 더 화가 났다.

"엄마는 왜 내 이야기를 듣지 않는 거예요?"

결국 첫째 아이는 불만이 가득한 얼굴로 나에게 말했다. 아이는 엄마가 자기의 말을 잘 들어주지 않는다고 주장했다.

"내 말을 듣지 않는 건 너잖아!"

나 역시 아이에게 똑같이 소리치고 있었다. 아이가 말한 '엄마는 하고 싶은 것을 다 하지 못하게 하는 사람'이라는 말을 받아들일 수 없었다. 내가 언제 자기가 하고 싶은 것을 다 못하게 했는가. 원하는 것을 최대한 들어주려고 노력하고 있는데. 그것을 몰라주는 아이가 야속해서 기분이 나빠졌다. 결국 우리 둘 다 마음이 상했다. 서로의 마음이 상하지 않도록 어떻게 말하면 좋을까?

1. 엄마의 마음

엄마는 몸이 피곤한 상태였다. 전날 끝낸 이야기를 아이가 또 언급한 것에 짜증이 났다. 엄마는 자기가 하고 싶은 건 다 못하게 한다는 아이의 말이 불쾌했다. 엄마의 감정이 앞서면 아이의 마음을 알아주기 힘들다. 그러다 보면 아이의 말을 무시하고 설교하는 말로 대응하게 된다. 또 아이가 무엇을 잘못했는지 알려주어야 행동을 고칠 거라는 생각이 든다. 아이에게 다음과 같이 말하고 있지는 않은가?

> "오늘은 안 하기(먹기)로 했잖아." 무시
> "어제 안 하기로 했으면 오늘은 안 해야 하는 거야." 설교
> "너는 왜 오늘 안 하기로 한 걸 자꾸 말하는 건데? 네가 엄마의 말을 전혀 듣지 않잖아." 반박

2. 아이의 마음

엄마가 내 마음을 알아주지 않으면 속상하고 화가 난다. 엄마에게 실망한 마음을 드러내기 위해 '늘', '언제나', '맨날' 같은 표현을 쓰며 불평한다. 엄마는 내가 무슨 말만 하면 다 안 된다고 한다. 너무 속상하다.

3. 조절을 연습하는 관계존중대화법

아이의 말을 듣고 무시, 설교, 변명 대신에 아이의 마음을 알아주자. 그런 경험이 쌓이면 아이 스스로 감정을 조절할 수 있게 된다.

1) 심호흡하고 아이의 눈을 본다

아이와 좋은 관계를 맺기 위해서는 가장 먼저 해야 할 일은 엄마의 마음을 차분하게 만드는 것이다. 그런 뒤에 아이의 말을 귀담아 들어주면, 감정을 무시하지 않는 말을 할 수 있다. 아이들은 자기의 생각과 감정이 존중받는다고 느껴야 마음이 열려서 엄마의 말을 받아들인다. 아이의 불평하는 말에 휘둘리기보다는 엄마의 감정부터 가라앉히는 것이 중요하다.

2) 아이의 말을 따라 한다 (메아리 기법)

아이의 말을 따라 말하면 아이는 엄마에게 무시당한다는 기분을 느끼지 않는다.

"게임이 하고 싶다고?"

"아이스크림이 먹고 싶다고?"

3) 아이의 마음을 알아주고 공감한다

아이의 말을 무시하고 설교를 하면 아이의 마음이 닫힌다. 아이는 그 상황을 불평하는 말로 표현하고 그럴수록 서로 존중하는 대화를 이어가기 어렵다. 아이의 마음을 먼저 헤아려주고 오늘은 왜 그것을 할 수 없는지 설명한다.

"게임을 하고 싶구나. 막상 집에 오니까 아쉬움이 남았어? 엄마도 좋아하는 걸 못 한다고 생각하면 아쉽고 더 하고 싶었을 거야. 그런데 오늘은 바다에 가는 대신 하지 않기로 했는데, 어쩌지?"

"아이스크림이 먹고 싶구나. 저녁을 먹은 뒤라 아이스크림을 먹으면 맛있을 거야. 하지만 오늘은 아이스크림을 안 먹기로 했는데, 어쩌지?"

4) 아이가 욕구를 조절하는 연습을 도와준다

아이는 엄마의 말을 듣고 생각을 한다. 하고 싶지만 참으면서 행동을 조절하는 연습을 할 수 있다. 물론 못하면 속상할 수 있다. 그건 자연스러운 반응이다. 그럴지라도 하지 않기로 했으니까 하지 않는다는 것을 아이가 받아들이도록 도와준다. 그래야 욕구를 조절하는 능력이 길러진다.

"참을성을 길러야 해. 우선 내게서 좀 떨어져서 풀밭에 앉아
봐. 난 널 곁눈질해 볼 거지만, 넌 아무 말도 하지 말아야 해.
말은 오해의 근원이거든. 그리고 넌 매일 조금씩 다가와 앉으
면 돼."

《어린 왕자》에서 여우가 어린 왕자에게 하는 말이다. 아이를
키우는 건 엄마에게 엄청난 참을성을 요구하는 일이다. "네가 틀
렸다. 너는 엄마 말을 왜 안 듣는 건데."라는 태도로 아이의 말을
무시하고 설교하는 건 쉽다. 하지만 그런 말은 서로의 마음에 오
해와 상처를 가져온다. 아이가 엄마에게 불평을 늘어놓고 공격을
하면 엄마도 맞대응하게 된다. 그런 일이 일어나지 않도록 참을
성을 기르고 평정심을 유지하며 아이 마음의 소리를 들을 수 있도
록 노력하는 것이 중요하다.

마음을 가라앉히고 차분히 생각해 보면 아이 마음의 소리가 들
린다. 아이는 좋아하는 것, 하고 싶은 것을 못 하게 되면 속상하
다. 그런 상황에서 아이는 엄마가 자기를 무시하고, 논리적으로
설교하는 말을 들으면 화가 난다. 누군가 나를 이해해 주기만 해
도 마음이 열리는 법이다. '맞다, 틀리다'를 논리적으로 설교하기
전에 아이의 마음을 알아주는 것만으로도 속상한 게 나아진다.
그 후에야 아이가 결과를 받아들이며 욕구를 조절하는 것을 연습
할 수 있다.

"엄마도 좋아하는 것을 못한다면 아쉬울 거야.
하지만 오늘은 하지 않기로 했는데 어쩌지?"

아이는 하고 싶은 일을 당장 할 수 없을 때 속상하다. 그 마음을 알아주지 않고
"네가 틀렸다, 이렇게 하는 게 맞다."고 설교할수록 아이도 상대방을 공격한다.
아이의 말에 휘둘리기보다는 아이가 욕구를 조절할 수 있도록 도와주자.

"오늘도 나는 아이 덕분에 참을성을 기르고 있어."

엄마는 참을성을 기르는 중이다. 육아는 평정심을 유지하고 참을성을 기르
게 해주는 가장 좋은 배움터다. 이 여정은 쉽지 않다. 잘 안될 수 있다. 하지
만 연습할수록 어제보다 오늘 더 나아진다. 어려운 과정을 해나가고 있는 나
를 스스로 대견하게 여기자.

"그럴 거면 밥 먹지마"

- 기 싸움 대신 선택을 알려주는 말

"엄마 배고파요."

"집에 가서 밥 먹자."

"싫어요. 간식 먹고 싶어요."

"밥 먹고 먹어야지. 간식을 먼저 먹으면 배불러서 밥 못 먹어."

"나 배고프단 말이에요. 간식부터 먹고 싶어요. 간식 조금만 먹고 밥 먹을게요."

"너 지난번에도 간식 먼저 먹어서 배부르다며 밥을 별로 안 먹었잖아. 자꾸 그러면 안 돼. 밥부터 먹어야지. 엄마가 집에 가자마자 얼른 밥 차려줄게."

"싫어. 밥 안 먹어. 간식 먹을 거라고요."

"자꾸 그럴 거면 밥도 먹지 마. 밥 먹지 않으면 간식은 없어."

"싫어!"

아이는 울고불고하면서 발을 구르고 떼를 쓰기 시작했다. 어린이 집에서 이미 간식을 먹었고 집에 가면 금세 저녁 먹을 시간인데 밥을 먹고 간식을 먹으면 얼마나 좋은가. 배고파야 밥도 맛있는 법이다. 엄마에게는 간식보다는 밥을 먹는 게 더 중요하다.

하지만 아이는 지금 배가 고프고 당장 자기가 먹고 싶은 것을 먹으면 될 뿐이다. 밥이든 간식이든 뭐든 먹으면 되는 거 아닌가. 좋아하는 걸 먹으면서 배를 채우는 게 더 좋다고 여긴다. 엄마와 아이가 줄다리기를 하면서 대화를 나눌수록 타협점은 나오지 않는다.

서로 중요한 것을 주장할 때는 자기의 말만 하게 된다. 각자가 중요하게 생각하는 욕구가 다르기 때문이다. 그러다 보면 힘이 더 센 엄마가 아이의 욕구를 억누르는 경우가 생기고 엄마의 생각을 아이에게 강요하기도 한다.

우리가 볼 때 전혀 이해할 수 없는 아이의 행동이나 말이 있다. 그럴 때 '아니, 얘는 왜 이렇게 행동하지?', '지금 저걸 해야 할 때야?'와 같은 생각을 하며 아이를 비난하거나 비판한다. 하지만 잘 살펴보면 아이 역시 자기의 욕구에 충실하다는 것을 알 수 있다. 아이들도 다양한 욕구가 있다. 어린아이일수록 하고 싶은 것, 먹고 싶은 것을 참는 것보다 지금 자기의 욕구를 바로 해결하려고 한다. 아이가 자기의 욕구를 표현하고 채우려는 방식이 엄마의 마음에 들지 않을 수 있다. 간식을 먹는 문제도 마찬가지다. 이럴 때 엄마는 아이의 욕구를 존중하며 선택을 도와줄 수 있다. 어떻게 말하면 좋을까?

1. 엄마의 마음

엄마가 되고 보니 아이를 잘 먹이는 것이 너무나 중요하다. 밥 잘 먹는 아이들이 예쁘다. 간식보다는 밥 잘 먹는 게 좋다. 그래야 건강하게 잘 자랄 테니까. 밥심으로 큰다지 않는가. 아이가 자꾸 밥보다 간식을 먼저 먹겠다고 하니 걱정스럽다. 저러다 밥을 더 안 먹으려고 하면 어떡하나 싶어서 고민이 깊어진다. 엄마는 아이의 한 끼를 잘 차려주면 마음도 후련하다. 아이가 밥을 잘 먹었으면 하는 마음에 아이에게 강요나 명령, 조건 달기, 협박이나 벌을 주는 말을 하게 된다.

"밥 먼저 먹어야 해." 강요

"밥을 먹고 나서 간식을 먹어." 명령

"너 밥 안 먹으면 간식 없어." 조건

"밥 안 먹겠다고? 너 앞으로 간식 안 사줄 거야." 협박

2. 아이의 마음

간식을 먹든 밥을 먹든 내가 먹고 싶은 것을 먹고 싶다. 밥보다는 간식이 더 맛있다. 내가 좋아하는 간식을 먹고 배부르면 기분도 좋다. 엄마는 자꾸 나에게 밥을 먼저 먹으라고 강요한다. 엄마의 말을 들을수록 밥 먹기는 더 싫다.

엄마가 "무엇을 해야 한다"고 강하게 주장할수록 아이 역시 "무엇을 하고 싶다"로 대응한다. 아이는 자기의 욕구를 충족하기 위해서 최선을 다할 뿐이다.

3. 선택을 알려주는 관계존중대화법

1) 아이의 욕구를 알아준다

아이가 간식을 먹고 싶다고 할 때는 메아리 기법을 사용한다. 아이가 원하는 것을 해주고 싶은 마음도 덧붙인다.

> "간식을 먹고 싶다고? 그렇구나. 배가 고파서 간식이 생각났나 보네. 엄마도 우리 지민이가 먹고 싶은 것을 먹으면 좋겠어. 지민이가 먹고 싶다는 거 다 먹게 해주고 싶어."

2) 엄마의 욕구를 아이에게 표현한다

아이를 건강하게 키우고 싶은 마음, 건강한 음식을 먹었으면 좋겠다는 욕구를 솔직하게 표현한다. 아이에게 명령이나 강요의 말인 "해야 한다, 하지 마, 안 하기만 해봐."에서 욕구를 표현하는 "하고 싶어, 하면 좋겠어."로 바꿔서 말하며 아이에게 걱정스러운 마음을 표현한다.

> "엄마는 네가 건강하게 자라면 좋겠어. 너를 잘 먹이는 게 엄마는 중요해."
> "엄마는 네가 잘 먹고 쑥쑥 잘 자라게 도와주고 싶어. 그런데 간식을 먼저 먹겠다고 하면 걱정이 돼. 밥을 안 먹겠다고 할까 봐."

3) 간식을 제안하고 아이가 선택하고 결정할 수 있도록 한다

아이에게 선택권을 준다. 밥을 먹기 전에 먹을 수 있는 간식과 밥을 먹은 뒤에 먹을 수 있는 간식을 나눠서 알려준다. 간식을 먹을 때 아이가 몇 개 먹을지 개수를 정하게 해준다. 갯수를 이야기 하는 일은 수 개념과 연결되어서 유익하다.

> "밥 먹기 전에 딸기와 오렌지를 먹을 수 있어. 뭐를 먹고 싶어?"
> "과자나 아이스크림은 밥을 먹은 뒤에 먹을 수 있어. 밥 먹고 어떤 간식을 먹고 싶어?"
> "몇 개 먹고 싶어? 3개? 4개?"

4) 몸에 좋은 간식을 아이의 손이 잘 닿는 곳에 놓는다

아이의 눈에 보이는 곳에 과일, 견과류, 삶은 달걀과 같은 것을 둔다. 가까운 곳에 먹을 것이 있으면 더 쉽게 먹을 수 있다. 아침에 사과를 먹여야겠다고 생각한다면 식탁에 사과를 놓아둔다. 또 엄마가 몸에 좋은 간식을 챙겨 먹는 모습을 아이에게 자주 보여준다. 아이에게 여러 번 말하기보다 엄마의 행동 한 번이 효과가 더 좋다.

5) 엄마도 건강한 음식으로 몸을 챙긴다

엄마도 하루에 한 끼를 건강하게 챙겨 먹는다. 아이 몸만 아니라 엄마의 몸도 챙긴다. 우리가 먹는 음식이 곧 내 몸을 만든다. 오늘도 애쓰고 있는 내 몸을 소중히 대한다는 마음으로 먹는다. 몸의 순환이 잘 되도록 물을 자주 마신다.

> "너희들은 항상 혀를 부드럽게 해 두어라. 혀가 딱딱하게 굳은 사람은 남을 화나게 하거나 불화를 초래하니까."

《탈무드》에 나오는 말이다. 한번 내뱉은 말은 마치 시위를 떠난 화살처럼 다시 거둬들일 수 없다고 한다. 또한 혀는 그 어떤 음식보다 달콤하지만, 그 어떤 것보다 더 무서운 것이라고 표현한다.

내가 아이에게 하는 말은 아이에게 많은 영향을 준다. 아이의 욕구를 무시하고 다른 것부터 하라는 말은 아이의 마음을 굳게 만든다. 그러면 엄마의 말을 듣지 않고 자기가 하고 싶은 것을 하겠다고 고집을 부릴 뿐이다.

우리의 할 일은 혀를 부드럽게 하고 아이를 대하는 것이다. 오늘 내가 하는 말이 아이의 자존감에 영향을 미친다. 아이의 욕구를 알아주면서 좀 더 건강한 음식과 간식으로 아이와 내 몸을 챙기자.

아이의 마음을 채우는 한 마디

"간식 먹고 싶어?
과자, 아이스크림은 밥 먹은 뒤에 먹을 수 있어.
밥 먹은 뒤에 뭐부터 먹고 싶어?"

아이가 간식을 먹고 싶어 하는 마음에 공감해준다. 아이는 욕구가 무시당했다고 느끼면 귀를 닫고 고집을 부린다. 엄마는 아이의 건강을 생각하는 마음에 강하게 안된다고 하면 아이와 서로 자기주장만 하면서 싸우기 쉽다. 아이의 욕구를 수용해주고 아이가 먹을 수 있는 간식을 선택할 수 있도록 대화를 나누자.

엄마의 마음 돌보기

"나는 오늘 더 건강해지고 있어. 내 몸을 위해서 무엇을 먹을까?"

아이를 챙기는 것도 중요하지만 엄마의 몸과 마음을 건강하게 하는 것이 먼저다. 물은 수시로 마시고 있는지, 귀찮아서 대충 한 끼를 때우고 있지 않은지 살펴보자. 먹는 음식에 따라서 기분까지 달라진다. 몸을 생각해서 음식을 먹는 것은 자동차에 좋은 연료를 채우는 것과 같다. 그러면 좋은 컨디션으로 아이들을 대할 수 있다. 아이들에게 엄마가 무슨 음식을 좋아하는지 알려주고 엄마가 좋아하는 음식을 아이와 자주 먹자.

"정리 안 해? 그럼 싹 다 버릴 거야"
- 협박 대신 배려를 알려주는 말

"거실이 이게 다 뭐야? 너희들이 어지른 거 다 치워!"

"이거 지민이가 한 거예요."

"오빠가 한 거예요."

발 디딜 틈조차 없는 우리 집 거실. 치우라는 내 말에도 두 아이는 바로 움직이지 않고 서로 남 탓만 하고 있다. 속에서 부글부글 끓어오른다.

"서로 미루기만 할 거면 치우지 마! 엄마가 여기 있는 거 다 버릴 거야!"

나는 아이의 말투와 행동에 화를 낼 때가 많다. 특히 여러 번 말해도 움직이지 않고, 다른 사람 탓만 하는 것을 보면 짜증이 밀려온다. 신기하게 집안일은 해도 티가 잘 안 나는데, 안 하면 일이 엄청나게 커진다. 우리 집에 있는 물건은 살아 움직이는지 분명히 치웠는데 어느새 다시 나와 있다.

너무 어질러져 있을 때는 어디부터 치워야 좋을지 도통 모르겠다. 몸이 피곤할 때는 손가락 하나 까딱하기도 싫은데 집안일은 해도 해도 끝이 보이지 않는다. 계속 오르고 올라가도 제자리에 와 있는 펜로즈의 계단 같다. 집 안에 물건이 하나도 없으면 좋겠다. 눈에 보이는 것들을 싹 다 버리고 싶다.

"안 돼요. 버리지 마요."

아이들은 엄마의 말을 듣고 잠깐 정리하는 척 한다. 그러나 엄마가 책과 장난감을 버릴까 봐 무서워서 억지로 하는 정리는 지속 시간이 길지 않다. 그때만 잠시 하면 된다는 마음으로 하기 때문이다.

둘째 아이는 치우다가 블록을 보더니 새로운 놀이를 시작한다. 첫째 아이는 동생보다는 조금 더 치우지만 계속 툴툴댄다. 그러다가 책이 있으면 정리하던 것을 잊고 어느새 책을 읽는다.

나는 아이들이 정리를 하다 말고 다시 노는 게 마음에 들지 않는다. 다 치우고 놀면 얼마나 좋은가. 한편으로는 이러다가 정리는 정말 하기 싫은 것이라는 생각을 가지면서 자랄까 봐 걱정스럽다. 조금이라도 치운 게 어딘가 싶어서 그냥 둔다. 하지만 다음 날도 아이는 계속 어지르고 엄마는 치우라는 잔소리를 늘어놓는다. 이 무한 반복을 끊고 싶다면 어떻게 말해야 좋을까?

1. 엄마의 마음

집안일은 끝이 없어서 뒤만 돌면 해야 할 일이 산더미처럼 쌓인다. 그 와중에 아이들이 어지른 것까지 치우고 있으려니 짜증이 난다. 저걸 언제 다 치우나 싶을 정도로 어질러져 있을 때는 어디부터 손을 대야 할지도 모르겠다. 어릴 때 엄마가 방 좀 치우라고 하면 싫었는데 그 말을 엄마가 되어서 아이들에게 똑같이 말하고 있다. 처음에는 단순하게 치우라는 말로 시작한다.

"얼른 정리해."

"지금 당장 치워."

한두 번 말했는데도 아이들이 듣지 않으면 감정 계좌에서 빼먹는 표현을 이어서 한다.

"왜 아직도 안 치워. 어지르는 사람과 치우는 사람이 따로 있어? 엄마가 너희들이 어지른 거 치워주는 사람인 줄 알아?" 비난
"엄마가 먹고 난 쓰레기는 버리라고 몇 번을 말했어? 이게 왜 아직도 여기에 있는 건데!" 충고
"너희들이 이렇게 어지르니까 엄마가 치우느라 힘들잖아." 평가

"안 치울 거야? 여기 있는 거 엄마가 다 버린다." 협박

어떤 날은 엄마의 말이 진짜라는 것을 강력하게 보여주기 위해서 실제로 바구니나 봉지에 장난감을 담아서 쓰레기통 옆에 갖다 놓기도 한다. 아이들이 자기가 어지른 것은 스스로 치우는 아이로, 책임감 있고 자립적인 아이로 자라면 좋겠다. 하지만 아이에게 들려주는 말은 정리하지 않아서 엄마가 화가 나고 짜증스럽다는 표현이 대부분이다.

2. 아이의 마음

지금은 더 놀고 싶다. 그냥 두고 계속 놀기만 하면 좋겠다. 엄마는 치우라는 말을 왜 이렇게 기분 나쁘게 하는지 모르겠다. 자꾸 지금 당장 하라고 한다. 내가 지금 정리할 수 있는지 물어보지 않는다. 정리 안 하면 버리겠다는 협박은 듣기 싫다. 어차피 버리지도 않을 거면서. 동생(오빠)이 어지른 것을 내가 정리하는 건 진짜 하기 싫다. 그걸 말하면 엄마는 더 화를 낸다.

3. 기여와 배려의 가치관을 알려주는 관계존중대화법

계속 정리하라는 잔소리, 안 하면 버리겠다는 협박을 멈추자. 아이가 정리하며 '기여와 배려'를 배울 기회로 삼는다. 게다가 정리는 매일매일 해야 하는 일이니 기여, 배려라는 가치가 아이에게 익숙해질 만큼 충분

히 연습을 할 수 있다. 아이가 어릴수록 엄마를 도와주고 싶어 한다. 엄마가 기뻐하는 모습, 행복한 모습을 보면 아이도 기분이 좋다. 놀고 난 뒤에 정리하는 일은 엄마를 도와주는 것, 가정에 도움이 되는 일이라고 설명해 주면 아이는 즐겁게 정리하려 할 것이다. 또한 엄마와 가정, 동생을 생각하는 일을 통해 배려를 배울 수 있다.

> "너는 가정에 도움이 되는 사람이야." 기여
> "서로 배려하는 게 중요해." 배려

1) 아이와 정리할 시간을 정한다

아이에게 언제까지 놀고 정리하면 좋을지 물어본다. 아이 스스로 정리할 시간을 선택하게 한다. 시간은 두루뭉술하게 표현하기보다는 아이가 인지할 수 있는 명확한 시간으로 정한다.

> "몇 시부터 같이 정리할까?"
> "언제까지 놀고 엄마랑 같이 정리할까?"
> "7시 50분과 8시 중에서 정리할 시간을 골라볼까?"

2) 몇 분 동안 정리할지 정한다

"8시가 되었어. 이제 정리할 시간이야."

아이가 말한 시간이 되면 알려준다. 정리를 시작할 때 아이에게 몇 분 동안 할지 시간을 정한다. 다 치울 때까지라는 애매한 목표보다는 10분, 15분처럼 시간을 정해두고 정리하게 한다. 시간을 잘 모르는 어린아이는 두 가지 선택지를 주고 고르도록 해준다. 정한 시간은 아이가 직접 타이머를 맞추도록 한다.

> "오늘은 10분 정리할까?"
> "10분 할래? 15분 할래?"

3) 아이가 무엇을 정리할지 정한다

아이에게 공간 안에 있는 것을 다 정리하라고 하면 어디서 시작해야 할지 어려워한다. 공간을 다 치우라는 말보다는 범위를 좁혀서 제안하고 아이가 물건을 선택할 수 있게 해준다. 아이는 해야 할 일을 명확히 알수록 몸을 움직이기 쉽다. 아이가 자신이 선택한 것을 행동으로 옮길 때 책임감과 자립심이 자란다.

> "책 정리할래? 블록 정리할래?"

4) 아이에게 감사를 표현한다

아이가 놀고 싶은 마음을 누르고 정리하며 애쓴 것, 집안이 깨끗해지는 일에 기여한 것, 엄마의 집안일을 도와주며 배려한 것을 엄마가 다 알고 있다는 것을 표현한다.

> "더 놀고 싶었을 텐데, 엄마 도와줘서 고마워."
>
> "너는 우리 집에서 정말 도움이 되는 아이야."
>
> "네가 도와주니까 엄마는 기뻐."

"자식을 낳아서 조금 지식이 있게 되면 마땅히 착한 길로 인도해 나가야 한다. 만일 어리다고 해서 가르치지 않으면 그 어린아이가 장차 어른이 되어도 그 습관을 마음에서 버리지 못하므로 착한 것을 가르치기란 몹시 힘들기 마련이다."

율곡 이이가 쓴 《격몽요결》에 나온 글이다. 버리겠다는 협박으로 아이가 정리를 연습하게 하는 것보다 더 나은 방법이 있다. 아이가 어릴 때부터 중요한 가치관을 명확하게 알려주는 것이다. 행동의 상위 개념인 가치관은 아이가 자라면서 착한 길로 걸어갈 수 있는 나침반과 같다.

가치관 교육은 가정에서 시작되어야 한다. 타인을 도울 수 있는 사람, 배려하는 사람으로 자랄 수 있도록 정리하는 시간을 기회로 삼아보면 어떨까? 엄마의 말은 아이의 마음에 남는다. 정서통장을 채우는 말이 쌓이면 아이가 자라 어떤 일을 할 때 기여와 배려가 자연스럽게 흘러나오게 될 것이다.

"네가 도와줘서 엄마는 정말 기뻐."

아이는 엄마를 도와주는 것을 좋아한다. 아이에게 엄마를 도울 기회를 주고 엄마는 아이가 도와준 것, 집안에 기여한 것, 배려한 것에 대한 고마움을 말로 표현하자. 아이는 집안일을 도우며 기여와 배려라는 가치관을 배울 수 있다. 아이 행동의 나침반이 되는 중요한 가치관을 어릴 때 집안에서 자연스럽게 배울 수 있도록 가르치자.

"아이가 조금만 해도 괜찮아."

아이와 정리하다 보면 집 안을 깨끗이 치우고 싶은 마음이 든다. 이럴 때는 내 기준을 낮춘다. 아이가 몇 개만, 몇 분만 같이해도 괜찮다고 생각하는 것이다. 짧은 시간이라도 함께 정리하면서 기여와 배려의 가치관을 알려주는 게 낫다. 아이가 선택하고 행동할 때 책임감과 자립심을 기를 수 있다.

"양치하기 싫어? 그럼 이가 다 썩을 거야"

- 부정적인 결과 대신 긍정적인 목표를 알려주는 말

"이 닦자!"

어느새 잠잘 시간이다. 아이들과 있으면 하루가 금방 간다. 두 아이는 여전히 노느라고 바쁘다. 다시 아이들을 부르니 그제야 첫째 아이가 나를 본다.

"양치하고 자자."

첫째는 양치를 하기 싫어 하지만 그래도 따라온다. 둘째 아이는 어느새 도망을 가서 보이지 않는다. 자기 전에 양치를 안 하려고 숨어버렸다.

아이마다 한 번에 이를 왕창 치료하는 시기가 있다. 생각한 것보다 이가 많이 썩어있어서 그렇다. 아이들과 꾸준하게 하기 힘

든 것 중 하나가 3분 동안 양치하기다. 내가 아이들의 이를 닦아
주려고 해도 싫어한다. 자기가 직접 칫솔질하겠다고 하는데 아이
의 칫솔질은 어설프기 마련이라 안쪽까지 잘 닦지 못한다. 깨끗
이 닦으려면 내가 해줘야 하는데 쉽지 않다. 게다가 구강검진을
미루다 보면 이는 여러 개 썩어있다. 치아를 몇 개씩 치료해야 할
때는 아이를 치과에 데리고 가는 것이 곤혹스럽다. 아이들은 치
과를 좋아하지 않을 뿐더러 무서워한다.

"더 썩지 않도록 이를 잘 닦아주세요."

오늘도 치과 선생님에게 당부의 말을 듣는다. 치과에 갔다 온 날
은 경각심이 생겨 아이들도 이를 열심히 닦는다. 모래시계를 맞춰
놓고 3분 내내 이를 구석구석 닦는다. 그러나 며칠 지나면 금세 원
래대로 돌아간다. 이를 빨리 대충대충 닦아버린다. 그렇다고 이가
썩도록 그냥 둘 수는 없으니 아이에게 협박의 말을 하게 된다.

"양치하기 싫어? 이 다 썩는다."

"너 지난번에 이 치료 하느라고 힘들었잖아. 또 아프게 치료하
고 싶어?"

"이 치료 하려면 돈이 얼마나 드는지 알아? 비싸다고."

아이에게 이를 닦지 않았을 때 생기는 부정적인 결과를 알려주
는 말을 주로 한다. 부정적인 결과를 말해주면 아이가 즉각적으
로 행동하는 효과가 있다. 다만 그 효과는 길게 유지되지 않는다.

아이에게 "네가 하지 않으면 너는 안 좋게 된다."는 말을 할 때가 많다. 이런 말은 들을수록 나쁜 결과를 상상하게 되어 무섭고 두려운 기분이 들게 한다. 반대로 긍정적인 결과를 만날 수 있는 방법을 설명해주면 어떨까? 그런 말들은 들었을 때도 기분이 좋아지고 마음이 편안해진다.

1. 엄마의 마음

아이의 이가 또 썩을까 봐 불안하다. 이를 치료하려면 돈도 들지만 무엇보다 아이가 힘들어한다. 다음에 치과에 갔을 때는 충치치료를 하지 않으려면 이를 잘 관리해야 한다. 내가 챙기지 않으면 안 된다. 아이가 양치를 잘하게 하는 것이 숙제 같이 느껴진다. 양치하자고 할 때 도망가는 아이, 이를 닦지 않겠다는 아이와 날마다 힘겨루기를 하느라 지친다. 빨리 이를 닦아야 하는 날일수록 마음이 조급해져 여유롭게 기다려주기 힘들다. 그래서 나도 모르게 무서운 일이 일어날 거라고 겁을 주며 말한다.

> "빨리 이 닦으라고!"
> "입 벌려. 얼른 닦게"
> "안 닦아서 이가 다 썩고 싶어?"
> "이러면 다음에도 치과에서 아프게 치료해야 한다고."
> "칫솔 물고 있지 말라고. 왜 자꾸 칫솔을 씹어서 망가뜨리는 거야."
> "너 이 치료하려면 돈이 얼마나 많이 드는지 알아?"

2. 아이의 마음

치과는 무서워서 안 가고 싶다. 그렇지만 이를 닦는 것도 싫다. 오늘은 이 안 닦고 그냥 자고 싶다. 내일부터 해도 큰 문제는 없을 것 같다. 재미있게 놀다가 멈추고 이를 닦는 건 더 하기 싫다. 엄마는 너무 아프게 닦아준다. 게다가 3분이나 닦아야 한다는데 3분은 왜 이렇게 긴 걸까. 치약은 삼키면 맛이 없다. 치약을 뱉는 것이 힘들 때도 있다. 물로 가글하다가 나도 모르게 삼킨다. 그것도 기분 나쁘다. 이를 닦으면서 좋은 게 별로 없다.

3. 긍정적인 결과를 알려주는 관계중심대화법

1) 이 닦고 싶지 않은 아이의 마음을 인정한다

아이의 감정을 이해하고 인정하는 말을 한다. 아이가 불편해하고 하기 싫다고 하는 것을 반박하거나 무시하지 않는다.

> "이 닦는 거 힘들지?"
> "치약이 입에 있으면 불편해?"
> "양치 안 하고 싶어? 엄마도 그래."

2) 언제 이를 닦고 싶은지 선택할 수 있는 질문을 한다

이를 닦는 것은 규칙이다. 규칙은 싫어도 해야 하는 일이라고 알려주고 몸에 밸 때까지 반복한다. 언젠가는 아이가 스스로 이를 닦을 때가 올테니 조급해 하지 않는다. 아이에게 이를 닦아야만 하는 이유를 알려주고 아이가 납득할 때까지 반복해서 말한다. 강압적으로 할수록 아이에게는 반발심만 더 생긴다. 아이에게 강요나 명령이 아닌 언제 하고 싶은지를 정하게 해준다.

> "언제 이를 닦고 싶어?"
>
> "5분 뒤에 닦을래? 10분 뒤에 닦을래?"

3) 해야 하는 행동과 행동에 따른 긍정적인 결과를 말해준다

> "이를 닦을 시간이야."
>
> "이를 닦을수록 우리 공주님(왕자님)이 더 멋져지는 거야."
>
> "우리 오늘도 예쁜 이를 만들어볼까?"
>
> "이가 더 튼튼해지고 건강해지고 있어."
>
> "이를 닦으니 얼굴까지 예뻐졌네(멋져졌네)!"
>
> "우와, 눈부시다. 이가 반짝반짝 빛나고 있어."

4) 모래시계, 타이머를 활용하고 규칙을 잘 지키려 하는 아이를 격려해 준다

아이가 직접 모래시계나 타이머를 이용해 3분을 맞추게 한다. 3분을 지루하다고 느끼는 아이에게 이 닦는 시범을 보여달라고 하는 등 즐거움을 유발할 방법을 찾아보자. 아이가 일일 치과 선생님이 되어서 엄마에게 이를 닦는 법을 알려주는 방식도 좋다. 그 역할을 잘 해낸 아이를 우리 집의 치과 선생님으로 불러주며 존중해준다.

"누가 모래시계 돌릴까?"
"타이머 3분에 누가 맞출까?"
"엄마에게 이 닦는 거 보여줄래? 엄마가 따라 할게."
"오늘의 치과 선생님은 누구지?"
"OO 선생님, 오늘 이 닦는 법을 알려주세요."

"어떤 일에서든지 유능한 조력자를 얻고자 한다면 억압과 강요가 아닌 좋은 말과 행동으로 꾀는 것이 즐거울 거라고 생각합니다."

크세노폰은 《키로파에디아》에서 이렇게 말했다. 부정적인 결과를 언급하며 명령, 강요, 억압하는 말은 아이가 당장 행동하도록 만들 수 있다. 하지만 꾸준하게 지속하기는 어렵고 매번 억지로 끌고 가는 것도 힘들다.

이 닦는 것과 같이 날마다 해야 하는 일이라면 아이에게 긍정적인 말로, 좋은 결과를 떠올리며 행동할 수 있도록 해주자. 우리의 목표는 아이와 좋은 관계를 맺으면서 규칙을 지키도록 도와주는 것이다. 무섭고, 두려운 것을 참으면서 억지로 하는 것보다 어차피 해야 하는 일을 즐겁고, 재미있게 하는 것이 아이나 엄마 모두에게 유익한 일이 아닐까?

아이의 마음을 채우는 한 마디

"이렇게 하면 더욱 멋져질 거야."

아이가 어떤 행동을 했을 때 긍정적인 결과를 말해주자. 아이에게 두려움을 불러일으켜 결과를 당장 엄마가 원하는 행동을 하게 만들 수 있다. 하지만 날마다 지속해야 하는 행동을 부정적인 결과와 명령, 강요, 억압하는 말로만 이어가면 아이와 관계가 멀어질 뿐이다. 아이의 기분이 좋아지고 행동했을 때 더 나은 결과를 상상할 수 있는 말을 해주자.

엄마의 마음 돌보기

"오늘 나에게 좋은 말을 자주 해줄 거야."

엄마인 나 자신에게 좋은 말을 수시로 들려주자. 긍정적인 결과를 생각하게 해주는 말을 듣다 보면 결과도 내가 한 말을 따라간다. 말은 내 마음에 씨를 뿌리는 것과 같다. 긍정적인 결과를 생각하고 말할수록 내 삶이 말한 대로 되어간다. 아이뿐만 아니라 나에게도 좋은 말을 계속 들려주는 것이 꼭 필요하다.

"그만 징징거려. 귀가 아프다고"
- 감정 차단 대신 인정하는 말

아이는 자랄수록 점차 확고한 자아가 생기고 자기주장을 한다. 뜻대로 되지 않으면 드러누워 울거나 고래고래 소리를 지른다. 아니면 엄마 주위를 따라다니며 계속 징징거린다. 그 소리를 듣다 보면 온몸의 기가 빨린다. 상태가 괜찮을 때는 아이의 격해진 감정을 읽어주고 공감해주지만 그것도 한두 번이지, 종일 듣다 보면 지치고 마음의 여유가 사라진다.

나는 아이의 떼, 강한 자기주장, 수시로 바뀌는 감정 변화, 당당한 요구를 매번 받아주는 게 너무 어렵다. 가끔은 저 입을 때려서라도 닫아버리고 싶은 마음이 들었다가 아이를 품어주지 못하는 엄마인가 싶어 죄책감을 느낀다. 좋은 엄마는 아이의 어떤 모습이든지 받아주고 이해하며 사랑해주는 사람이라 생각했는데 현실 속 내 모습과는 거리가 멀어도 너무 멀다. 육아가 버겁고 아이도 나 자신도 싫다.

엄마의 일관성 있는 태도가 중요하다는데 내 상태에 따라 아이를 다르게 대한다. 어떤 때는 세상 친절했다가 다른 때에는 냉정하고 무섭게 화를 낸다. 내 입에서는 징징거리는 아이를 향해 거친 말이 튀어나온다.

"울지마."

"네가 자꾸 우니까 엄마가 힘들잖아."

"너 자꾸 징징거리면 엄마는 가버릴 거야."

인내심이 한계에 다다를수록 아이의 감정을 차단하는 말을 하게 된다. 다른 사람의 감정을 받아줄 마음의 여유가 없는 것이다. 그러다 밤이 되면 후회하고 자책에 빠진다. 피곤하고 지쳤지만 아이의 감정을 자연스럽게 받아줄 수 있도록 인정하는 말을 꾸준히 연습해보자.

1. 엄마의 마음

피곤한 내 감정을 말로 표현하는 것도 버겁다. 그런데 아이의 변화무쌍한 감정을 받아주려니 익숙하지도 않고 너무 어렵다.

돌이켜보면 어린 시절에 징징거리면 혼났고 떼쓴다고 요구가 받아들여진 적이 없었다. 자랄수록 엄마를 힘들게 하지 말아야 한다는 강박과 책임을 느꼈다. 나도 아이의 떼쓰는 입을 닫게 만들고 싶다. 에너지가 고갈될수록 아이의 감정을 인정하기보다는 막아버린다.

"이게 징징거릴 일이야?" 비난

"이젠 그만 울어. 그 정도면 됐잖아. 많이 울었어." 충고

"네가 화가 나는 건 알겠다고. 이게 그렇게까지 화를 낼 일이니?" 조언

"오빠는 안 울고 있네. 자꾸 울면 창피한 거야. 지나가는 사람이 너 보고 놀린다." 비교

"너 자꾸 울면 망태 할아버지한테 데려가라고 할 거야." 협박

"네가 자꾸 징징거리면 엄마가 얼마나 힘든 줄 알아? 참을 줄도 알아야지." 평가

2. 아이의 마음

격해진 감정에 사로잡혀 있을수록 다른 사람의 말이 들리지 않는다. 오히려 달래기, 비난, 평가, 비교, 조언, 충고, 협박하기처럼 감정을 인정하지 않는 엄마의 말은 불난 집에 부채질하는 격이다. 아이는 자기의 상태를 무시하고 알아주지 않는 엄마의 말에는 귀를 닫고 마음의 문도 닫는다. 아이는 자기의 감정을 어떻게 풀어야 할지 몰라서 혼란스럽다. 징징거리는 소리로 표현할 수밖에 없다. 엄마가 내 옆에서 내 기분을 이해해 주고 알아주면 좋겠다.

3. 아이의 감정을 인정하는 관계존중대화법

아이의 감정을 차단하는 말은 소통을 가로막는다. 아이를 위해 감정을 인정하는 방법을 익히고 연습하면 된다. 자신의 감정을 표현하는 것이 서툰 아이를 위해 감정을 인정하는 말을 건네보자.

1) 우리 아이가 떼쓰는 이유를 이해한다

우리는 다른 사람의 사정을 이해하게 되면 그를 도와주고 싶은 마음이 생긴다. 아이가 떼를 쓰고 징징거리는 이유를 알수록 아이의 감정을 차단하고 싶은 마음도 누그러진다. 아이가 떼를 쓰는 것은 아이의 뇌가 아직 성숙하지 않기 때문이다. 엄마 역시 어린 시절에는 징징거리는 것으로 감정을 표현했을 것이다. 악쓰기, 소리 지르기, 징징거리기, 드러누워 울기, 물건 던지기, 때리기 등은 아이의 컨디션이 좋지 않을 때, 배고플 때, 피로를 느낄 때, 하고 싶은 것을 못하게 할 때 주로 나타난다. 분노, 좌절, 짜증의 표현이기도 하다.

2) 징징거리는 아이에게 아무런 말도 하지 않는다

아이는 마음을 소리로 표현한다. 아이에게 애써서 말을 붙이거나 달래거나 질문하지 않는다. 그럴수록 아이는 더 짜증을 낼 뿐이다. 대신 아이를 혼자 두지 않는다. 아이에게 감정을 가라앉히라고 하면서 엄마가 다른 곳에 가면 아이는 더 격해진다. 계속 엄마를 따라오면서 징징거린다. 그러니 아이 곁에서 심호흡하며 엄마의 마음을 침착하게 만든다. 엄마가 아이의 격해진 감정에 똑같이 휘말리지 않는 것이 무엇보다 중요하다.

3) 아이의 감정을 인정하는 모습을 보여준다

아이가 지금 '왜 그렇게 느끼는지'를 알려고 하기보다는 아이는 '무엇을 느끼는지'를 생각한다. 지금 내가 무엇을 느끼는지를 인지하고 솔직하게 표현할 수 있을 때 마음이 편안해진다. 누군가 내 감정을 있는 그대로 인정해 주면 내가 지금 느끼는 게 잘못된 것이 아니라는 생각에 안심할 수 있다. 부모에게 감정 표현을 무시당하고 억눌릴수록 자기가 느끼는 감정을 나쁘게 인식한다. 그럴수록 감정을 억압하고 두렵고 혼날 것 같은 일은 부모에게 숨긴다.

아이와 부모 모두 어떤 감정이든 느낄 수 있다. 그것을 조절하고 건강하게 표현하는 것을 배우는 과정일 뿐이다. 이를 위해 필요한 것은 감정을 공감하고 인정하는 말이다. 내가 거울이 되어서 아이의 감정을 비춰주고 감정에 이름을 붙여준다. 감정에 이름을 붙인 뒤에는 인정하는 말을 해준다. 말이 생각나지 않으면 간단한 추임새를 넣으며 아이 곁에 있어 준다. 여기에서 주의할 점은 아이의 감정을 인정하는 말을 하면서 그 뒤에 충고와 조언을 덧붙이지 않는 것이다.

> "그럴 수 있어.", "그렇게 느낄 수 있지.", "엄마도 그랬을 거야." 인정
> "응", "그래", "음" 공감

"하지만, 그래도 이래야 하지 않겠니." X

4) 아이가 차분해지는 데 도움이 되는 방법을 제안한다

엄마는 아이에게 감정을 조절하는 모습을 보여줄 수 있는 가장 좋은 롤모델이다. 차분해진 다음에 해결책을 찾는 것이 가능하다. 아이가 징징거릴 때 엄마는 자기의 감정을 조절하고 건강하게 표현하는 방법을 자연스럽게 알려줄 수 있다.

"엄마 손까지 바람이 닿게 불어볼까?"
"엄마는 마음을 가라앉히기 위해 물을 마시려고 해. 너도 마실래?"

5) 엄마가 먼저 해결책을 제시하기보다는 아이에게 필요한 도움을 물어본다

격해진 감정의 불이 꺼져야 생각을 할 수 있다. 이때 어떻게 하면 더 나아질지를 아이에게 질문한다. 엄마는 아이의 문제를 대신 해결해 주는 사람이 아니다. 아이가 도움이 필요할 때 곁에 있으면서 따뜻하고 다정하게 손을 내밀어 주는 존재다.

"엄마가 도와줄까?"
"엄마가 어떻게 도와주면 좋겠어?"

"우는 아이에게 떡 하나 더 준다."

이 속담을 모르는 사람은 없을 것이다. 나이 든 분일수록 우는 아이를 달래주고 안아주려고 하신다. 우리 엄마만 봐도 아이가 울면 달래려고 하신다. 나를 키울 때는 그렇지 않으셨는데 손자나 손녀가 울면 마음이 아프시단다. 엄마가 되어보니 아이가 계속 징징거리며 울 때 떡을 하나 더 준다는 게 얼마나 어려운지 실감한다. 오히려 당장 우는 것을 바로 멈추게 하고 싶다.

징징거리는 아이가 정말 받고 싶은 것은 무엇일까? 엄마가 자기의 마음을 알아주는 것이다. 이제는 떡 하나 더 준다는 마음으로 아이를 바라보자. 내 마음을 차분히 하고 아이의 자존감을 기르는 시간으로 삼는다. 지금 내 아이에게 집중하고 아이가 요청하는 것을 들어준다. 아이는 이런 경험이 쌓이고 쌓여서 자존감이 높아지고 감정을 조절하는 것을 배울 것이다.

아이의 마음을 채우는 한 마디

"그렇게 느낄 수 있어. 엄마가 어떻게 도와주면 좋겠어?"

아이가 느끼는 감정을 인정하고 공감한다. 아이는 분노나 좌절, 피곤, 짜증을 징징거리는 것으로 표현한다. 엄마는 아이 곁에서 차분한 마음으로 아이를 조용히 관찰한다. 우리 아이가 '왜 그런지'보다 '지금 무엇을 느끼고 어떤 도움이 필요한지'를 살펴보자. 아이가 자라면서 스스로 감정을 조절하는 힘을 기를 수 있도록 엄마는 곁에서 따스한 도움의 손길을 건네는 존재다.

"감정은 내 마음에 찾아왔다가 가는 손님이야. 무엇을 하고 싶어?"

엄마도 중요한 욕구가 채워지지 않으면 감정에 휘둘린다. 내 마음에는 어린 아이가 살고 있다. 아이의 욕구와 내 욕구가 서로 부딪힐 때가 있다. 그러면 각자의 욕구를 더 강하게 주장하기 쉽다. 내 마음이 복잡할 때는 지금 무엇이 채워지지 않아서 그런지 살펴본다. 내 마음에 찾아온 감정을 맞이하며 내 욕구에 귀를 기울인다. 나는 어떤 것을 하고 싶은지를 스스로 물어보고 떠오르는 것을 하나씩 해보자.

"엄마가 올려놓지 말랬지"

- 추궁 대신 해결책을 찾는 말

"엄마가 책 올려놓지 말랬지!"

첫째 아이는 밥을 먹으면서 책을 본다. 밥을 다 먹은 뒤에는 그릇은 싱크대에 갖다 놓고 읽던 책은 식탁에 그대로 둔다. 아이에게 식탁 위에 책을 올려두지 말라고 여러 번 말했지만 아이의 행동은 바뀌지 않았다. 어느 날 점심을 먹으려는데 둘째 아이도 책을 가지고 왔다. 오빠처럼 책을 보면서 먹겠다는 거였다. 하필 그날은 식탁 위에 잡다한 물건이 많았다. 책, 레고, 인형까지.

"엄마, 우유주세요."

둘째 아이의 말에 우유를 가지러 간 사이 아이가 책을 손으로 밀었다. 책 옆에 내가 제일 아끼는 컵이 있었다. 그 컵이 바닥에 떨어져 손잡이가 깨졌다. 속상한 마음에 아이에게 큰 소리를 내고 말았다.

"이거 엄마가 좋아하는 컵이잖아. 엄마가 식탁에 뭐 올려놓지 말랬지. 식탁에 너희들이 물건들을 많이 놓아서 이렇게 된 거 아니야!"

"엄마 죄송해요."

둘째 아이는 침울한 표정으로 나를 보면서 말했다. 나는 아이의 실수를 몰아세우고 추궁했다. 말을 내뱉고 난 뒤에 아차 싶었다. 컵은 깨질 수 있는 것 아닌가. 아이들이 유리 조각에 다치지 않았으니 정말 다행이고, 앞으로는 밥 먹기 전에 식탁 위를 미리 치우면 되는 거였다. 깨진 컵보다는 아이가 실수에서 배우는 것이 더 중요하다. 컵은 다시 사면 된다.

갑작스럽게 일어난 사고에 내 이성이 멈췄다. 그 컵은 지인에게 선물을 받은 것이었다. 받고 나서 어찌나 좋은지 매일 쓰면서도 쓸 때마다 기분이 좋았다. 깨진 것은 속상하지만 컵은 다시 살 수 있는 물건이다. 중요한 것은 이 순간에 아이에게 무엇을 가르쳐주면 좋은지를 떠올리는 것이었는데 내 감정에 휩쓸려 말을 내뱉었다. 아이는 실수를 통해 무언가를 배우지 못하고 눈치를 보고 엄마의 소중한 물건을 망가뜨려서 미안한 마음만 느껴야 했다.

아이들은 하루에도 여러 번 예상치 못한 실수와 사건을 일으킨다. 그럴 때 우리는 아이의 행동을 추궁하는 말이 먼저 나온다. 추궁하는 말을 들으면 어떤 기분이 드는가? 그 말을 들은 아이는 자기의 실수를 편안하게 받아들이지 못한다. 작은 실수를 큰 잘못으로 느끼며 자꾸 다른 사람의 눈치를 본다.

엄마가 격하게 반응할수록 자기의 행동에 대해 죄책감, 수치심을 크게 느낀다. 아이는 문제가 생길 수 있고 실수할 수도 있다는 것을 배우는 게 더 유익하다. 그래야 너무 문제를 심각하게 받아들이지 않고 해결책을 찾아 나갈 수 있기 때문이다. 아이가 실수를 했을 때 아이의 마음을 지키려면 어떻게 말해야 할까?

1. 엄마의 마음

갑작스럽게 아이가 사건을 일으키면 이성이 멈춘다. 그때부터 감정에 따라서 말하게 된다. 특히 아이가 실수한 것이 위험할수록 목소리가 덩달아 커진다. 실수를 하기 전에 주의를 주었는데 내 말을 따르지 않아 사건이 일어나면 말을 듣지 않은 아이를 탓하기 쉽다. 아이를 바로 추궁하고 아이의 인격을 가지고 나무라는 말을 하며 훈계를 늘어놓는다.

"엄마가 말했어, 안 했어?"
"그러니까 조심하라고 했지? 넌 왜 이렇게 엄마 말을 안 들어!"
"올려놓지 말라는데 기어이 우기더니. 꼴 좋네. 이게 뭐냐?"
"넌 정말 고집불통이구나. 자기가 하고 싶은 대로만 하려고 하니 문제가 생기지."
"넌 왜 이렇게 덜렁거리니? 제발 좀 조심하라고."

2. 아이의 마음

사실 제일 놀라고 당황한 사람은 나다. 잘하고 싶고 칭찬받고 인정받고 싶었는데 엄마는 그런 마음을 알아주기는커녕 실수한 것을 혼내기만 한다. 도망가고 싶다. 엄마의 추궁은 기분이 나쁘다. 사실 엄마도 잘못하는 거 많은데 나한테만 뭐라고 한다. 엄마가 실수한 일을 나도 말하고 싶다.

행동을 비난받을수록 문제가 생겼을 때 다른 사람을 탓하는 법부터 배운다. 앞으로 잘못했다는 생각이 들면 혼나기 싫어서 사건을 숨기려고 한다. 그럴수록 죄책감, 수치심이 더 커진다. 그런 감정을 덮기 위해서 오히려 자기를 비난한 사람을 향해 미움과 분노를 보인다.

3. 문제보다 해결에 집중하는 관계중심대화법

1) 엄마부터 심호흡한다

갑작스러운 일이 일어날수록 엄마가 진정하는 것이 중요하다. 비행기에서 사고가 일어나면 보호자부터 산소마스크를 쓰라고 되어 있다. 그다음에 아이를 챙기는 것이 순서다. 이처럼 어떤 사건이 일어났을 때 먼저 엄마의 평정심을 되찾는 것이 중요하다. 그래야 다음 단계로 나갈 수 있다.

2) 아이의 마음을 진정시키는 말을 해준다

제일 당황하고 놀란 사람은 누구일까? 바로 실수한 사람이다. 내 마음이 차분해지면 비로소 아이의 놀란 표정이 눈에 들어온다. 당황스러워하는 마음도 느낄 수 있다. 차분해진 엄마가 아이에게 산소마스크를 씌워줘야 할 시간이다. 아이의 마음이 괜찮은지 물어보고 놀란 아이의 마음을 토닥여준다.

> "괜찮아?"
>
> "놀라지 않았니?"
>
> "다친 건 아니니?"

3) 차분하게 반응하며 일어난 사건을 관찰한 내용만 말해준다

지금 일어난 문제에 대해서만 말한다. 그 행동을 한 아이의 성격이나 인격에 대해서는 언급하지 않는 게 좋다. 과거의 사건을 꺼내지 않는다. 여기에서 아이와 함께 해결해야 할 것에 집중한다.

> "컵이 깨졌구나."
>
> "우유를 흘렸구나."
>
> "장난감이 망가졌구나."

4) 해결책을 찾는 질문을 한다

아이가 해결할 수 있는 일인지 아닌지를 구분한다. 아이가 할 수 있는 일이라면 아이에게 해결책을 물어본다. 아이에게 앞으로 이런 일이 일어나지 않으려면 어떻게 하면 좋은지를 물어본다. 쓸데없는 훈계를 하지 않는다.

> "컵은 깨지면 쓸 수 없어. 이건 엄마가 치울게. 네가 하다가 다칠 수 있거든. 너희들은 가만히 기다리는 게 좋아. 식탁에 물건이 너무 많으면 컵이 깨질 수 있어. 다음에는 식탁에 있는 물건을 먹기 전에 어떻게 하면 좋을까?"
> "우유를 흘린 건 어떻게 해야 할까?"

5) 어떤 일이 일어나든 제일 중요한 사람은 아이라는 것을 말해 준다

물건보다 아이가 다치지 않는 게 중요하다. 어떤 일이 생기든 아이가 제일 중요하고 소중하다는 것을 말해준다.

> "깨진 컵보다는 네가 더 중요해. 물건은 사면 되잖아."
> "네가 다치지 않았잖아. 그럼 된 거야. 네 몸이 더 소중해."
> "누구나 실수할 수 있어. 엄마도 실수하는걸."

"이미 지나간 일을 탓하지 않는다."

《논어》에 나오는 말이다. 이미 벌어진 일을 탓한다고 해서 바뀌는 것은 없다. 일어날 일은 일어난다. 아이를 추궁하고 인격을 비난하는 것은 몸은 현재에 있지만, 생각은 여전히 과거에 머물러 있는 상태다. 이미 지나간 일은 마음에서 놓아버리자. 언제라도 내가 생각지 못한 사건이 벌어질 수 있다.

아이와 엄마 모두 실수할 수 있다. 그럴 때마다 남을 탓하거나 추궁하는 말을 할수록 아이 역시 문제가 생기면 남을 탓하는 것부터 배우게 된다. 엄마가 어떻게 말하고 반응하는지에 따라서 아이는 더 좋은 방향으로 성장할 수 있다. 벌어진 사건 자체만을 다루며 해결 방법을 찾는 과정에서 아이와 엄마는 성장한다.

아이의 마음을 채우는 한 마디

**"누구나 실수할 수 있어. 엄마도 실수하는걸.
다음에는 어떻게 하면 좋을까?"**

누구나 조심했어도 실수할 수 있다. 아이가 실수했을 때는 아이의 인격이나 성격, 과거의 일과 연결 짓지 않는다. 실수해서 당황하고 놀란 아이의 마음을 달래주고 눈앞의 상황에 대해 간단하게 설명한다. 실수에 얽매이기보다 해결책을 찾으며 능동적으로 상황을 대하는 태도를 연습할 수 있게 도와주자.

"실수해도 괜찮아."

아이뿐만 아니라 엄마도 실수에 관대해질 필요가 있다. 누구라도 실수할 수 있다. 큰 문제인지, 사소한 문제인지를 구분하자. 사소한 사건일수록 가볍게 생각하자. 다 괜찮다. 큰일 아니다. 작은 사건을 크게 키울 필요 없지 않은가.

5장

자기 조절력과
책임감을
높여주는
말

"겉옷 안 입으면 밖에 못 나가"

- 추운 날 겉옷을 안 입으려고 할 때

추운 겨울, 기온이 낮은 날에는 밖에 나가고 싶지 않다. 따뜻한 방 안에서 가만히 쉬고 싶다. 하지만 아이들은 틈만 나면 나가려고 한다. 아이는 대체로 어른보다 기초체온이 높은데 그래서인지 나는 추운데 아이는 괜찮다고 할 때가 종종 있다. 집에 있을 때는 아이가 어떻게 입고 있든 괜찮지만 문제는 밖에 나갈 때다.

"빨리 겉옷 입어."

급할 때는 아이들이 입을 겉옷을 가지고 나와서 입혀준다. 최대한 준비 시간을 단축하기 위해서다. 둘째 아이가 내가 가져온 겉옷을 보더니 말했다.

"나 외투 안 입을 거야."

그러더니 현관으로 가서 신발장에서 샌들까지 꺼내는 것 아닌가.

"아니야, 지금 밖에 추워. 추울 때는 겉옷 입는 거야. 따뜻하게 입어야지. 안 그러면 감기 걸려."

"싫어. 안 추워. 안 입어."

아이는 내 말을 거부하며 모든 말에 '안'을 붙인다. 안 하고, 안 춥고, 안 입겠다고 버틴다. 마음이 바쁠 때는 아이의 마음이 바뀔 때까지 설득하고 기다릴 여유가 없다.

"왜 이런 걸로 고집을 부려. 추운 날에는 겉옷을 입는 거라고."

억지로 겉옷을 입히려고 하니 아이는 몸에 힘을 주고 버틴다. 아이가 완강히 버티면 옷을 입히기가 어렵다. 나가야 하는데 아이가 고집을 부리면 짜증이 올라온다.

"너 겉옷 안 입을 거면 혼자 집에 있어. 엄마랑 오빠만 나갈 거니까."

아이가 빠르게 수긍하고 따라주면 좋지만, 아이는 자기가 주장한 것을 굽히지 않을 때가 많다. 자기가 하고 싶은 대로 하려고만 하는 아이가 얄미워서 아이에게 강요, 명령, 협박하는 말을 한다.

육아는 아이가 건강한 어른으로 독립할 수 있도록 준비하는 일이다. 그래서 뭐든 한 번만 하고 끝낼 수 있는 것이 별로 없다. 아이와 같이 연습해야 한다. 육아하며 맞이하는 여러 가지 문제 상황을 아이의 자기 조절력과 책임감을 기르는 연습으로 생각하자.

아이는 자라면서 수많은 문제 상황을 맞이할 텐데 그때마다 엄마가 곁에서 해결해 줄 수 없다.

아이는 주어진 과제를 해나갈 때 곁에서 응원하고 격려하며 믿어주는 사람이 필요하다. 그건 엄마가 해줄 수 있다. 아이가 어릴 때는 대부분의 일을 엄마가 결정하고 챙긴다. 아이가 자랄수록 선택권과 결정권을 넘기고 그 결과를 아이가 책임질 수 있도록 해야 한다. 엄마의 위치는 아이가 자라면서 서서히 바뀐다. 처음에는 아이 앞에서 이끌어준다. 그러다 아이 옆에서 아이가 어려워하는 단계를 도와준다. 나중에는 아이의 등 뒤에서 아이를 믿어주고 바라보는 것으로 바뀐다.

겉옷을 입고 안 입고는 아이의 문제다. 아이가 충분히 결정할 수 있다. 아이의 신변에 위험이 생기는 것이 아니라면 아이가 결정하는 게 낫다. 그에 따른 결과가 어떤지 몸으로 직접 경험하는 것이 더 유익하다. 아이들은 뭐든 몸으로 배우기 때문이다.

엄마는 매 순간 아이가 선택할 수 있도록 제안할 수 있다. 아이에게 예상되는 어려움에 대비해 필요한 것은 엄마가 준비하면 된다. 벌어지는 일은 아이가 경험하면서 배우는 과제다. 엄마는 아이의 선택권과 결정권을 존중하고 아이의 독립을 차근차근 준비하고 있다고 생각하자. 아이의 자기 조절력과 책임감을 높여주려면 어떻게 말해야 할까?

1. 엄마의 마음

엄마는 아이가 아플까 봐 걱정스럽다. 겉옷을 입지 않고 나가서 감기에 걸리고 열이라도 나면 아이를 돌보는 것은 엄마의 몫이다. 아이가 어릴수록 열나는 게 제일 무섭다. 열이 나는 아이는 유치원이나 학교에 보낼 수 없다. 아이는 아프면서 큰다지만 가능하면 아프지 않고 건강하게 키우고 싶다. 아이가 어릴수록 아픈 게 내 잘못인 것 같다. 그러니 안 아프지 않도록 최선을 다한다. 아이를 걱정하는 마음이 앞서기에 추운 날 겉옷을 안 입겠다는 아이를 이해하기보다는 강요, 명령, 잔소리로 말하게 된다.

"빨리 겉옷 입어." 명령

"그러다가 아프면 어떻게 해. 겉옷 입어야지." 부정적인 결과와 강요

"엄마가 옷 입으라고 몇 번을 말했어? 아직도 안 입었어?" 충고

"너 자꾸 엄마 말 안 들을래? 겉옷 입으라니까." 비난

2. 아이의 마음

춥지 않으니까 겉옷을 안 입고 싶다. 엄마는 자꾸 입으라고 하는데 그럴수록 더욱 안 입고 싶다. 나중에 내가 입고 싶을 때 입어도 될 것 같다. 밖이 춥다고 하는데 잘 모르겠다. 두꺼운 건 뛰고 움직일 때 불편해서 싫다. 내 생각에는 얇게 입어도 괜찮을 것 같다. 엄마는 무조건 두꺼운 겉옷을 입으라고 한다. 내가 하고 싶은 대로 할 수 있는 게 없다.

3. 자기 조절력과 책임감을 높여주는 말

1) 심호흡을 하면서 이 상황에서 아이가 무엇을 배우고 있는지 생각한다

마음이 조급할수록 엄마가 평정심을 유지하는 게 중요하다. 심호흡하면서 마음을 차분하게 가라앉힌다. 물을 한 잔 마시는 것도 괜찮다. 엄마의 생각을 아이에게 강요하기보다는 아이가 자기 조절력과 책임감을 연습하고 있다는 것을 기억한다. 자신에게 질문한다. '우리 아이는 자기 조절력과 책임감을 기르는 연습을 하고 있어. 내가 어떻게 도와주면 좋을까?'

2) 겉옷을 입지 않으려는 아이의 마음을 알아준다

아이가 하려는 것과 반대 의견을 낼수록 아이는 들으려 하지 않는다. 엄마가 강요할수록 더 강하게 버틴다. 아이가 안 입고 싶어 하는 마음을 알아준다.

> "겉옷 안 입고 싶다고?"
> "두꺼운 옷을 안 입고 싶은가 보구나. 다른 거 입고 싶어?"
> "지금은 별로 안 춥니? 옷을 따로 준비할까?"

3) 아이가 선택하도록 질문한다

아이가 자기 조절력과 책임감을 기를 수 있도록 선택을 돕는 질문을 한다. 두 가지 중에 한 개를 고르게 한다.

> "다른 겉옷 입고 나갈래? 아니면 밖에 나가서 겉옷 입을래?"
> "밖은 집 안과 달라서 추울 수 있어. 두꺼운 겉옷 입을래, 좀 더 얇은 겉옷으로
> 입을래?"
> "겨울에는 몸을 보호해주려고 입는 거야. 겉옷을 입을래, 모자를 쓸래?"
> "나가서 추우면 입자. 그때 이 옷과 저 옷 중에서 뭘 입을래?"

4) 아이가 선택한 것을 존중하며 걱정스러운 부분은 따로 준비
한다

아이가 추운 바깥 날씨를 몸으로 느끼면 몸이 추울 때 옷을 더 입어
야 한다는 것을 알게 된다. 아이가 나가기 전에는 안 입겠다고 했다가
막상 추워서 입고 싶다고 말할 수 있다. 아이에게 엄마 말을 듣지 않아
이렇게 되었다고 말하는 것은 아이의 배움에 도움이 안 된다. 아이는
아무리 맞는 말이어도 자기를 공격하거나 비난받고 있다고 느끼면 마
음을 닫기 때문이다.

> "지금 겉옷 입고 싶어? 지금처럼 춥다고 느낄 때 입으면 돼."
> "겉옷은 추울 때 우리의 몸을 지켜줘. 네가 입고 싶을 때 싶으면 되는 거야."

5) 외출 전에 오늘 기온을 아이에게 말해준다

아침에 옷을 입으려고 할 때 아이에게 오늘 온도를 말해주는 것도 괜찮다. 엄마에게 들은 데이터가 쌓일수록 아이는 나갈 때 어떤 옷을 입어야 할지 결정할 수 있다. 아이는 외출하기 전에 미리 날씨와 기온을 확인하는 것도 배울 수 있다.

> "오늘 밖은 5도래. 5도면 추워."
> "오늘은 25도래. 더울 거야."

"제대로 아는 자는 승리하지만, 제대로 알지 못하는 자는 승리하지 못한다."

《손자병법》에 나오는 글이다. 육아를 아이가 자기 조절력과 책임감을 높이는 시간으로 생각하며, 문제 상황을 바라보자. 아이의 의견을 무시하고 엄마의 뜻대로 할수록 힘겨루기를 하느라 에너지를 낭비할 뿐이다. 기 싸움이 반복되면 아이와 관계가 멀어진다. 육아를 어떻게 바라보는지에 따라 결과가 달라진다. 아이의 성장을 지지하면서 독립을 준비하는 시간으로 보내자.

"다른 겉옷 입을래? 아니면 밖에 나가서 입을래?"

육아는 아이가 자기 조절력과 책임감을 연습하는 시간이다. 매일 일어나는 다양한 상황은 당황의 연속이지만 아이가 건강한 독립을 준비하고 있다고 생각하자. 그러기 위해서는 어떤 문제가 생기든 기 싸움 대신 선택지를 주고 아이가 고르게 한다. 아이는 스스로 결정하고 직접 몸으로 경험하면서 자신의 결정을 책임지는 태도를 배울 수 있다.

"지금 아이와 나는 배우고 있어."

오늘 나에게 벌어지는 일을 배움의 눈으로 바라보자. 그럴수록 상황이 다르게 보인다. 아이가 엄마의 말을 듣지 않는 게 아니다. 아이는 자기 조절력과 책임감을 기르는 중이다. 육아는 엄마가 성장하기에 가장 좋은 배움터다. 늘 새로운 배움이 나를 기다리고 있다. 아이와 나는 부족한 것이나 새로운 과제를 연습하면서 발전한다. 날마다 육아에서 배우고 레벨 업하는 나를 응원하자.

"그걸 이제 말하면 어떻게 해!"

- 아침에 등교하려고 할 때

아침에는 몸과 마음이 바쁘다. 시간에 날개가 달린 게 틀림없다. 한 시간이 몇 배속으로 바뀌어 날아간다. 아이의 제 시간 등교라는 목표를 향해 돌진하고 있었는데 갑자기 첫째 아이가 뭔가 생각난 게 있다는 듯이 말한다.

"아 맞다! 오늘 준비물 있었는데. 깜빡했다."

"그걸 이제 말하면 어떡해? 뭔데? 사야 하는 거야? 아니면 집에 있는 거야? 준비물이 있으면 전날 말해야지. 이렇게 바쁜 아침 시간에 말해서 더 급하게 만들어야겠어?"

난 다급한 마음에 아이를 몰아붙였다. 랩처럼 말을 쏟아냈다. 아이는 금세 풀이 죽었다. 평소보다 더 작은 모기 같은 목소리로 말했다.

"죄송해요. 우리 집에 귤 있지 않아요?"

"뭐? 귤? 그거 이틀 전에 다 먹었어. 없어."

"그럼, 뭐 있어요?"

"사과."

"귤이 집에 있는 줄 알았어요. 그냥 사과라도 가져가야겠다. 사과 하나 가져갈게요."

아이의 준비물은 귤이었다. 아이들이 모둠별로 어떤 과일을 가져올지 정했다고 한다. 아이는 귤을 먹은 기억이 나서 귤을 선택했지만 귤은 이틀 전에 다 먹고 없었다. 아이는 쿨하게 사과를 가져갔다. '아이들끼리 정한 과일인데 사과를 가져가도 되나? 선생님께는 뭐라고 하려나? 아이는 괜찮을까?' 내 마음은 점점 불안해졌다.

"그러니까 준비물은 전날 말하라고. 오늘처럼 아침에 나가려고 할 때 갑자기 말하지 말고. 집에 없는 건 가져갈 수 없잖아. 이건 모두 네가 늦게 말한 탓이야. 어쩌겠어. 다음에 벌어지는 일은 네가 감당하고 책임져야지. 다음부터는 까먹지 마!"

약속한 과일을 가져가지 못해서 속상해하는 아이의 마음을 알아주기보다는 잔소리를 잔뜩 늘어놓고 말았다.

준비물을 챙기면서 아이는 자기 조절력과 책임감을 배운다. 준비물을 제때 챙기지 않았을 때 맞이하는 결과로 아이는 깨닫는다. 미리 챙겨야겠다는 것을 말이다. 엄마의 잔소리가 길어질수록 아이는 일부러 그런 것도 아닌데 자기의 실수를 이해해 주지 못하는 엄마에게 안 좋은 감정이 생긴다. 아이가 준비물을 깜빡했을 때 어떻게 말해주면 좋을까?

1. 엄마의 마음

아이의 준비물이 엄마의 숙제처럼 느껴진다. 학교에 준비물을 제대로 보내지 못하면 선생님께 죄송하다. 꼭 내가 잘못한 것 같다. 선생님은 아이를 보고 뭐라고 생각하시겠는가. 아이가 전날 저녁이라도 이야기했으면 문제가 되지 않을 일이었다. 아이는 잘 까먹으니까 나라도 챙겼어야 했다면서 자책한다. 학교에 가서 아이가 겪을 상황을 상상하면서 마음이 불편해진다. 그래서 이런 상황을 만든 아이를 비난한다.

> "준비물을 전날 챙겼어야지!"
> "넌 왜 이렇게 잘 까먹니? 미리 챙기란 말이야."
> "이걸 아침 바쁜 때에 말해야겠어? 가뜩이나 정신이 없는데."
> "다음부터는 까먹지 마. 집에 오면 준비물부터 미리미리 챙겨."

2. 아이의 마음

분명히 준비물이 뭔지 알고 있었다. 알림장에도 썼다. 그러나 집에 오고 가방을 내려놓는 순간 홀라당 잊어버렸다. 그저 노느라 바빴다. 아침에 학교에 가려고 하니까 갑자기 생각났다. 비로소 학교와 관련된 것들이 떠올랐기 때문이었다.

준비물을 제대로 가져가지 못하면 제일 힘든 사람은 나다. 엄마는 꼭 자기 일처럼 생각하고 아침부터 나에게 화를 낸다. 내 실수를 좀 이해해 주면 좋겠다. 준비물 까먹은 것도 속상한데 엄마한테 잔소리까지 들으니 짜증 난다.

3. 자기 조절력과 책임감을 높여주는 말
1) 엄마가 먼저 후회와 자책에서 벗어난다

"후회는 뭔가 유익한 것을 놓친 데 대한 일종의 자책이다."

로마 황제 마르쿠스 아우렐리우스가 쓴 《명상록》에서 후회를 설명하는 글귀다. 후회는 해야 하는 것을 하지 못했을 때 따라오는 감정이다. 나에게 유익하고 좋은 것이라고 여겼던 것을 놓쳤을 때 드는 마음으로 자책감과도 연결되어 지금의 결과는 내가 과거에 잘못했기 때문에 생겼다고 본다. 다르게 행동했다면, 지금처럼 안 좋은 결과는 오지 않았을 거라 여기면서 자기가 한 행동을 탓한다.

후회와 자책은 이미 바꿀 수 없는 과거의 일들에 생각이 매여있는 상태다. 그럴수록 내가 원하는 대로 되지 않은 것을 상황 탓, 남 탓, 자책으로 연결하기 쉽다. 모든 경험은 배움이다. 감정에 속박되어있는 것에서 벗어나 발전하는 방향으로 바꾸는 것이 아이와 엄마 모두에게 유익하다. 이때 질문을 하면 좋다. 올바른 질문은 생각을 바꿔준다. 후회하고 자책하는 마음이 클수록 자신에게 물어보자.

> "아이는 이 상황에서 무엇을 배우고 있지?"
> "나는 아이가 좀 더 발전하기 위해서 무엇을 도와주면 좋을까?"

준비물에서 자기 조절력과 책임감을 배워야 하는 주체는 바로 아이다. 나는 아이가 조금 더 나아질 수 있도록 도와주고 응원해주는 사람이다. 질문을 통해서 서로의 역할을 명확하게 구분한다.

2) 아이의 말을 따라 하고, 떠오르는 말은 침묵한다

아이가 아침에 어떤 기분으로 학교에 가는지가 중요하다. 결국 학교에서 모든 것을 감당할 사람은 아이다. 그럴수록 엄마는 가능하면 잔소리를 줄이는 게 좋다. 아이 스스로 '나는 부족한 사람'이라고 생각하면서 학교에 가면 좋을 게 하나도 없다. 비록 준비물을 까먹었지만 그래도 괜찮다는 마음을 가질 수 있도록 도와주는 게 낫다.

아이가 한 말을 메아리 기법으로 따라 한다. 안타까워하는 마음을 담은 말 한마디만 한다. 그 뒤에 자동으로 따라오는 말, 아이를 비난하는 일이나 잔소리, 조언은 마음속으로만 실컷 한다. 필터링을 거치지 않고 아이에게 날카로운 말을 쏟아내면 불편한 사람은 결국 엄마다. 말을 아끼는 것은 엄마 스스로 후회하고 자책하는 것을 막기 위해서다. 아침 시간은 잔소리를 줄이고 침묵하자.

> "준비물 까먹었어? 어떡하니."
> "어떻게 하면 좋지?"

3) 아이와 준비물을 챙기는 방법과 시간을 정한다

아이와 준비물을 챙기지 못했을 때 느낀 엄마의 마음을 나눈다. 그리고 더 나은 방법을 같이 찾아보자고 제안한다. 아이가 말한 것을 듣고, 엄마도 의견을 제안한다.

> "엄마는 네가 아침에 갑자기 준비물이 생각나서 말하면 마음이 덩달아 바빠져. 너도 불편하지? 앞으로는 어떻게 하면 좋을까?"
> "준비물을 전날 챙기는 시간을 정하면 어때? 넌 언제 챙기면 좋겠어?"

4) 엄마가 알림장 앱을 확인한 뒤에 아이에게 물어본다

요즘에는 앱에 알림장이 올라온다. 엄마도 알림장을 확인하고 집에 온 아이에게도 물어본다. 엄마가 미리 다 알고 말해주는 것보다 아이가 생각하고 확인하도록 도와주는 것이 낫다. 준비물을 챙기는 일은 아이가 주체고 엄마는 도와주는 사람이다. 엄마가 다 알아서 챙겨주는 것에 아이가 익숙해지지 않도록 주의한다. 아이가 놓쳤을 수도 있으니 잠자기 전에 한 번 더 물어본다. 엄마인 나도 잘 까먹기 때문이다. 가볍게 확

인하는 정도로만 물어보고 아이가 준비물을 안 챙겼다면 잔소리하는
대신 바로 챙기도록 해준다.

> "오늘 미리 챙겨야 할 것 있니? 엄마가 뭘 도와줄까? 엄마의 도움이 필요하
> 면 말해."
> "준비물은 챙겼어?"
> "지금이라도 얼른 챙기자."

> "우리는 불필요한 행동뿐만 아니라 불필요한 생각도 버려야
> 한다."

《명상록》에 나온 글이다. 아이는 실수할 수 있고 까먹을 수 있
다. 이건 엄마인 나도 마찬가지다. 여기에서 중요한 것은 일이 벌
어졌을 때 삶을 대하는 태도다. 과거에 매여서 다른 사람을 탓하
며 원망하거나 스스로 자책할지, 이번 일을 경험으로 삼아 다음에
는 어떻게 하면 이런 일을 반복하지 않을지 선택할 수 있다. 준비
물을 엄마의 일로 여기는 생각을 버린다. 아이는 자기 조절력과
책임감을 기르기 위해 연습하는 중이다.

"준비물 미리 챙겨야 할 것 있니? 엄마의 도움이 필요하면 말해."

준비물을 챙겨야 하는 주체는 아이지만 까먹을 수도 있다. 엄마는 아이가 준비물을 챙기며 책임감을 기르도록 옆에서 응원해주는 사람이다. 아이가 잊지 않도록 전날 간단하게 물어보자. 모든 것을 아이보다 앞서서 미리 챙겨주기보다는 아이가 필요한 도움을 요청할 때 함께해 주자.

"이번엔 까먹었네. 다음에는 어떻게 하면 좋을까?"

엄마가 되니 뇌를 같이 출산한 게 분명하다. 전보다 건망증이 늘었다. 이거 해야지 생각했지만, 돌아서서 다른 것을 하고 있을 때가 있다. 자꾸 기억력이 안 좋아지는 것을 느낀다. 이럴 때는 부족한 내 능력을 곱씹기보다는 까먹었다는 것을 인정한다. 내가 나를 이해하고 격려하며 도와주자.

"너 자꾸 이러면 다음에는 안 데리고 나올 거야"

- 밖에서 재미있게 놀고 안 가려고 버틸 때

"한 번만 더 타도 돼요? 제발요."

"그래, 딱 한 번만이야."

놀이터에서 아이가 간절한 눈빛으로 나를 바라보며 말했다. 그 눈빛을 보니 마음이 약해져서 아이를 더 놀게 해주고 싶다. 잘 놀수록 저녁도 잘 먹고 잠도 잘 테니까. 아이가 원하는 만큼 실컷 놀게 해주면 얼마나 좋겠는가. 그렇게 해줄 수 없으니 한 번 정도는 더 놀게 허락한다. 그런데 그게 한 번으로 안 끝나는 게 문제다. 아이는 한 번만 한 번만 하면서 더 놀겠다고 조른다.

"한 번 더 탔지? 그만 놀고 집에 가자."

"이것만 타고 갈게요."

"그래, 그것만 타고 가는 거야."

그렇지만 막상 타면 아이는 또 마음이 바뀐다. 한번 허락해 주니까 다른 것도 또 타게 해달라고 한다. 그것을 몇 번 반복하다 보면 엄마도 인내심의 한계가 온다. 집에 가자고 하니 고집을 부리면서 가지 않겠다고 버틴다.

"집에 안 가고 싶어요. 더 놀고 싶어요."

엄마가 지금까지 기다려준 것은 쓸모가 없게 느껴진다. 아이에게 화를 내고 엄마의 입장만 늘어놓는다.

"너는 여기에서 놀아. 엄마는 집에 갈 테니까. 엄마도 할 일이 많아."

엄마는 아이를 두고 그냥 가버리고 아이는 급하게 엄마를 따라오면서 징징거리고 울고 떼를 쓴다. 아이가 좋아하는 것을 할 때 엄마가 그만하라고 하면 아이는 고집을 부린다. 아이가 자기의 욕구를 채우고 싶은 마음이 크기 때문이다. 즐거웠던 놀이의 마무리가 아이와 기 싸움이나 소리 지르고 협박하는 상황으로 끝날 수 있다.

이런 상황을 자기 조절력과 책임감을 기르는 기회로 만들 수 있다. 자기 조절력과 책임감은 하루 아침에 길러지는 게 아니다. 책임감을 타고나는 아이는 없다. 연습을 통해서 길러야 하는 영역이며 시간도 오래 걸리는 일이다.

자기 조절력과 책임감은 언제 높아질까? 바로 아이가 선택하고 결정한 것을 스스로 지키려고 할 때다. 특히 아이의 욕구와 관련된 것일수록 자기 조절력과 책임감을 기르기 좋다. 아이가 더 하고 싶다고 할수록 선택권과 결정권을 아이에게 넘긴다. 그러면서 무엇을, 언제까지 할지 아이가 선택하고 조절하는 기회로 삼는다. 아이의 자기 조절력과 책임감을 기르기 위해 어떻게 말해주면 좋을까?

1. 엄마의 마음

엄마는 아이가 원하는 만큼 놀게 해주고 싶다. 하지만 집에 엄마가 할 일이 산더미다. 아이와 함께 놀기만 할 수 있다면 얼마나 좋을까. 늘 아이가 원하는 만큼 해주지 못한 게 미안해서 가능하면 최대한 기다려주려고 노력한다. 문제는 내가 허용할 수 있는 정도보다 아이가 놀고 싶어 하는 마음의 크기가 더 크다는 것이다. 아이의 마음은 이해되지만 계속 기다려줄 수 없다. 집에 가자고 여러 번 말해도 안 가겠다고 버티는 아이에게 폭발해서 말하게 된다.

> "하나만 타고 간다더니, 왜 말을 바꿔." 비난
> "너 자꾸 이러면 다음에는 안 데리고 나올 거야." 협박
> "너는 여기 있어. 너는 두고 엄마는 가버릴 거야." 협박
> "저기 봐. 다른 애들도 집에 가잖아." 비교

2. 아이의 마음

"노는 게 제일 좋아" 만화 〈뽀로로〉의 주제가는 내 마음을 그대로 담았다. 나는 노는 게 제일 좋다. 놀 때는 시간이 금방 간다. 여기 와서 얼마 안 논 것 같은데 엄마는 벌써 집에 가야 한다고 말한다. 저것만 한 번 더 타고 가도 좋을 것 같다. 막상 타고나면 다른 것이 또 눈에 들어온다. 아직 집에 갈 마음의 준비가 안 되었는데 엄마가 가자고 할수록 더 집에 가기 싫다.

3. 자기 조절력과 책임감을 길러주는 말

1) 시간 안에 노는 것을 마무리하는 연습으로 자기 조절력과 책임감을 기른다

아이가 정해진 시간 동안에 노는 것은 자기 조절력을 연습할 수 있는 기회다. 아이 스스로 얼마만큼 놀지 정하고 그것을 지킬 때 책임감도 커진다. 두 사람은 같은 공간에 있지만, 엄마와 아이가 서로 느끼는 시간은 아주 다르다. 재미있게 노는 아이의 시간은 날아가는 것 같지만 기다리는 엄마의 시간은 천천히 흐른다. 그래서 집에 갈 때가 되면 아이는 늘 아쉽고 엄마는 이미 기다리느라 지쳐있다. 아이의 욕구를 존중하며 놀 때마다 아이는 자기 조절력과 책임감을 기르는 연습을 하고 있다고 생각하며 상황을 바라보자.

2) 놀 시간을 아이와 미리 정한다

놀이터에서 아이에게 얼마나 놀지를 정하라고 한다. 아이가 말한 시간이 지나면 엄마가 시간이 다 되었다는 것을 말해준다. 아이는 엄마가 말해주는 시간을 들으면서 시간을 배우게 된다.

> "30분 놀래, 40분 놀래?"
> "40분 놀고 싶다고? 그럼 40분 놀고 가는 거야."

3) 아이의 앞에서 타이머를 맞춘다

아이의 눈앞에서 휴대폰으로 타이머를 맞춘다. 아이가 시간을 정하지 않을 때는 엄마가 제안해도 좋다. 시간이 끝나기 10분 전에 아이에게 알려주고 5분 전에도 아이의 눈을 보고 말해준다. 아이가 마지막으로 놀 것을 선택하면 놀게 두었다가 타이머가 울리면 아이에게 가져가서 보여주고 시간이 다 되었다는 것을 말해준다.

> "40분으로 맞췄어. 집에 가기 10분 전에 한 번 더 말해줄게."
> "그럼 40분 놀고 집에 가는 거야. 더 놀고 싶으면 내일 또 와서 놀 수 있어."
> "이제 5분 더 놀 수 있어. 마지막으로 뭐 할래?"
> "네가 놀겠다고 말한 시간이 다 됐어. 이제 집에 갈 시간이야."

4) 더 놀고 싶어 하는 아이의 마음을 인정한다

막상 시간이 되었어도 아이는 아쉬워할 수 있다. 더 놀고 싶어 하는 아이의 마음을 알아준다. 다음에는 와서 몇 분 놀고 싶은지, 언제 오고 싶은지 이야기를 나눈다. 아이가 놀고 싶어 하는 마음을 충분히 표현할 수 있도록 욕구에 초점을 맞춰서 물어본다.

> "더 놀고 싶은데 아쉽지?"
> "다음에는 오늘보다 좀 더 놀면 좋겠어?"
> "다음에는 몇 분 더 놀고 싶어?"
> "언제 또 와서 놀고 싶어?"

5) 아이의 말에 메아리로 답하며 집으로 향한다

처음부터 시간을 정확하게 지킬 수 있는 아이는 없다. 아이가 어릴수록 계속 놀고 싶다고 고집을 부릴지 모른다. 그럴 때는 많은 말을 하지 않는다. 아이가 한 말만 따라 하며 기다린다.

아이가 어리다면 엄마가 아이 손을 잡고 집으로 간다. 아이가 약속을 지키지 않는다는 것으로 비난하거나 책임감이 없는 아이라며 인격을 언급하지 않는다. 아이의 소망을 인정하고 아이가 해야 할 행동에 대해서만 간단하게 말해준다.

> "네가 얼마나 더 놀고 싶어 하는지 알고 있어. 충분히 놀았다고 느껴지지 않을

거야. 깜깜해져도 계속 놀고 싶을걸."

"지금은 집에 가기로 한 시간이야. 가자."

6) 아이가 시간을 지키려는 모습을 보일 때는 인정해 준다

시간을 지킨 것에 대해서 "대단해, 좋아, 멋져, 엄마는 기뻐, 고마워."
와 같은 인정하는 말과 엄지 들기, 안아주기, 하이 파이브 같은 스킨십
을 한다. 시간을 지키는 일에 긍정적인 감정이 쌓일 수 있도록 도와준
다. 아이는 스스로 선택하고 지켰을 때 좋은 감정이 생기면 다음에도
지키려고 노력한다.

"우와, 우리 지민이는 시간도 잘 지키네."

"대단해. 더 놀고 싶을 텐데."

"아주 좋아. 놀면서 시간을 지키는 거 어려운 건데, 멋져."

"엄마는 네가 시간을 잘 지켜줘서 기뻐. 고마워."

"약한 것이 강한 것을 이기고 부드러운 것이 굳센 것을 이긴
다는 것은, 천하에서 알지 못하는 사람이 없으나 아무도 행동
하지 않는다."

노자의 《도덕경》에 나오는 글이다. 아이는 고집부리며 버티고,
엄마는 아이를 억지로 끌고 가면 서로 힘만 낭비할 뿐이다. 끝나

지 않는 힘겨루기를 하는 대신 아이에게 선택권과 결정권을 주고 자기 조절력과 책임감을 기르도록 도와주자. 엄마가 정하고 강요 하 고 통제하는 것을 멈추고 아이의 선택에 맡기자.

아이의 마음을 채우는 한 마디

"아주 좋아. 놀면서 시간을 지키는 거 어려운 건데, 멋져."

아이에게는 정해진 시간만 놀고 집에 가는 것이 어려운 일이다. 아이가 힘든 것을 해냈을 때 엄마가 알아주고 명확하게 표현해 주는 게 중요하다. 그래야 아이는 자기 조절력과 책임감을 기르는 일에 긍정적인 감정을 가진다. 처음 부터 잘할 수 있는 아이는 없다. 책임감은 오랜 시간 연습을 해야 가질 수 있 는 역량이다. 엄마가 강요하고 통제하는 대신 아이가 선택하고 결정할 수 있 도록 도와주자.

엄마의 마음 돌보기

"아이는 잘 클 거야. 오늘은 무엇을 하면서 재미있게 보낼까?"

아이는 엄마의 감정과 믿음을 먹고 자란다. 엄마의 말을 아이는 그대로 받아 들인다. 오늘 아이가 즐겁게, 많이 웃으며 보내려면 무엇을 하면 좋을지 생 각해보자. 엄마도 오늘을 즐기며 살 수 있는 방법을 찾아본다. 질문은 힘이 세다. 질문을 받으면 생각하기 시작하고 나와 아이에게 맞게 재미있게 보내는 방법이 차츰 떠오를 것이다. 생각나는 것을 하나씩 해보면서 오늘을 즐겁게 만들어갈 수 있다. 웃고 즐기는 시간이 많이 쌓일수록 엄마의 몸과 마음도 건강해진다.

"엄마는 이거 사줄 돈 없어.
창피하니까 얼른 일어나"

- 마트에서 장난감을 사달라고 드러누워 울며 떼쓸 때

"엄마 이거 사줘요."

첫째 아이가 부탁한 물건을 사기 위해 집에 있던 둘째 아이와 마트에 갔다. 이왕 마트에 따라 왔으니 둘째 아이가 가장 좋아하는 간식을 하나 사줬다. 계산을 마치고 출입문으로 가는 길에 여름 물놀이용 장난감이 아이의 눈에 띄었다.

"와, 뽀로로 물총이다."

아이는 물총에서 눈을 떼지 못했다.

"엄마, 뽀로로 물총 사주세요. 나 물총 없어요."

"너 오늘 간식 사줬잖아. 지금은 물총 사러 온 거 아니야. 장난감은 다음에 네 용돈으로 사."

"싫어요. 나 이거 갖고 싶단 말이에요. 이거 사줘요!"

아이는 내가 물총을 사줄 때까지 움직이지 않겠다고 완강히 버텼다. 지나가는 사람들이 우리를 쳐다보는 것을 느꼈다. 나는 인내심을 끌어모아서 아이에게 장난감을 살 수 없는 이유를 설명했다.

"너 간식 샀지? 오늘은 물총 사러 온 거 아니야. 엄마는 물총 사줄 돈이 없어. 집에 가서 간식 먹자."

내 말은 아이에게 닿지 않았다. 아이는 마트를 나오기 전부터 고래고래 소리 지르며 울기 시작했다. 나는 한 손에는 구매한 물건을 들고 다른 손으로 아이 손을 잡았다. 신발 바닥에 본드를 잔뜩 칠해서 바닥에 붙여놓은 것처럼 아이는 꼼짝을 하지 않았다. 다섯 살 여자아이라고 해도 떼를 쓸 때는 어마어마한 에너지가 나온다. 결국 손에 힘을 잔뜩 주어서 아이를 끌고 나왔다.

아이는 새로운 것을 갖고 싶어 하고 돈을 생각하지 않는다. 자기가 갖기만 하면 된다. 그렇다고 마트에 갈 때마다 아이가 사고 싶은 것을 다 사줄 수는 없다. 이럴 때는 아이가 가지고 싶은 마음을 조절하고 자기에게 있는 돈을 알맞게 쓰는 것을 연습하도록 도와주자. 갖고 싶다고 당장 사는 것이 아니라 참고 고민하는 시간이 쌓이면 자기 조절력이 생긴다. 또 돈을 필요한 곳에 알맞게 쓰는 책임감도 배울 수 있다. 마트에서 떼쓰는 아이에게 자기 조절력과 돈에 대한 책임감을 알려주려면 어떻게 말해야 할까?

1. 엄마의 마음

아이가 떼쓰기 시작하면 아무리 설득해도 전혀 먹히지 않는다. 아무리 말해도 듣지 않는 아이의 행동이 반복될수록 엄마의 육아 자신감은 바닥에서 지하로 뚫고 내려간다. 나는 아이를 잘 다루지 못하는 사람인가 하는 자괴감이 든다. 아이가 원하는 물건을 무조건 사줄 수도 없고 버릇만 나빠질 것 같다. 한 달에 쓸 수 있는 예산은 정해져 있는데 장난감을 사줘도 아이는 몇 번 가지고 놀다가 쳐다도 보지 않는다. 집에 자꾸 물건이 늘어나게 둘 수 없다. 아이에게 거절하는 말을 하고 이유를 붙인다. 계속 떼를 쓰는 아이를 무시, 비교, 협박하며 말한다.

"오늘은 장난감 사는 날 아니야. 엄마는 너 장난감 사줄 돈 없어." 거절
"이게 뭐가 필요해. 이거 사러 온 거 아니야. 필요하지도 않은 걸 왜 사니." 비난
"너 지난번에도 할머니가 사준 거 별로 안 갖고 놀았잖아. 이것도 그럴 거 아냐?" 비판
"집에 가지고 놀 거 많잖아. 그거 가지고 놀아." 충고
"여기 너처럼 떼쓰는 사람 없어. 이런 데서 울면 창피한 거야." 비교
"너 자꾸 떼쓸래? 그럼 손에 있는 간식도 사지 마. 엄마는 나갈 거야." 협박

2. 아이의 마음

마트는 신기한 물건이 정말 많다. 신기하게 지금 내가 갖고 있지 않

은 물건만 눈에 잘 들어온다. 이것도 사고 싶고 저것도 사고 싶다. 살 수 있는지, 없는지는 중요하지 않다. 갖고 싶고 가지고 놀면 재밌을 것 같은 게 중요하다. 우리 엄마는 돈이 많으니까, 이것도 사줄 수 있을 거다.

3. 자기 조절력과 책임감을 기르는 말

1) 마트에 가기 전에 아이와 미리 이야기 나눈다

아이에게 마트에 가서 무엇을 살 것인지 미리 말해준다. 살 수 있는 것과 살 수 없는 것을 구분한다. 마트에 가기 전에 아이와 같이 살 것의 목록을 적어보는 것도 좋다. 아이가 목록을 보며 사기로 한 물건을 찾아서 담도록 해준다. 엄마도 예산에 맞게 장보기, 목록에 맞게 사는 것을 연습한다고 말해주고, 아이에게 엄마를 도와달라고 요청할 수도 있다. 목록에 있는 것만 구매하면서 충동구매하지 않는 습관을 아이와 함께 만든다.

> "오늘 마트에 갈 거야. 거기에서 너는 먹고 싶은 간식을 두 개 살 수 있어. 오늘은 장난감을 사지 않아. 장난감이 보이면 얼마인지 살펴보자. 마트에서 사는 것보다 인터넷으로 사는 게 더 싸니까. 중고로 살 수도 있고. 할머니한테 받은 용돈으로 살 수 있나 보자."

2) 메아리 기법을 사용한다

마트에 가기 전에 미리 이야기를 나누었지만 그럼에도 갖고 싶은 물건이 생길 수 있다. 그럴 때는 아이가 하는 말을 따라 하며 물건을 갖고 싶어 하는 마음을 인정해 준다. 아이의 마음을 알아주지 않은 채 거절하면 그때부터 아이가 떼를 쓴다. 못 보던 물건, 내가 없는 게 보이면 갖고 싶은 건 당연하다. 아이들을 유혹하는 물건이 많아도 너무 많다. 그건 우리도 마찬가지 아닌가. 새로운 물건을 보면 사고 싶은 게 사람 마음이다. 그런 욕구는 누구에게나 있다. 오히려 하지 못하게 막으면 갖고 싶다는 마음만 점점 커질 뿐이다.

> "이거 사고 싶다고? 그렇구나."
> "이 장난감이 가지고 싶구나."

3) 아이의 소망을 곧바로 만족시켜 줄 수 없어도 상상에서는 허락한다

아이가 지금 느끼는 마음을 말해준다. 상상으로는 허락한다. 그 뒤에 살 수 없다고 이야기한다. 아이에게 어떻게 하면 좋은지도 물어본다.

> "우와. 뿌로로 물총 멋지다. 이거로 물총 놀이하면 재미있겠다. 지민이도 갖고 놀고 싶구나. 엄마도 너랑 같이 놀고 싶어. 그런데 어쩌지. 엄마가 이거 살 돈이 없는데. 엄마도 너무 안타깝다. 어떻게 하면 좋을까?"

4) 돈의 의미를 가르친다

가정마다 한 달에 쓸 수 있는 돈은 정해져 있다. 한번 장 볼 때 쓸 수 있는 돈도 한계가 있다. 아이에게 돈은 물건을 바꾸는 교환 수단이고, 하나를 사면 다른 것은 살 수 없게 된다고 반복해서 설명해 준다. 만약 아이가 정말 갖고 싶어 한다면 인터넷으로 조금 더 저렴하게 사는 방법도 알려준다. 혹은 아이가 더 이상 가지고 놀지 않는 장난감을 다른 사람에게 판매하고 중고로 새로운 장난감을 사보는 것도 좋은 방법이다.

우리 집에서 장난감을 살 수 있는 날은 생일, 어린이날, 크리스마스다. 예산도 정해져 있다. 그 안에서 아이가 골라야 한다. 그 외에 장난감은 아이의 용돈으로 구매한다. 용돈으로 가지고 싶은 물건을 사지만 남은 돈은 통장에 넣어두고 꼭 필요할 때 쓸 수 있도록 가르친다.

"여섯 살 아이에게 돈에 관한 공부를 가르쳐줘도 되나요?"
이 질문을 듣고 세계에서 손꼽히는 부자 워런 버핏이 답했다.
"이미 늦었습니다. 돈의 가치를 배우는 데 어린 나이란 없습니다."

아이에게 어릴 때부터 돈의 가치를 가르쳐주자. 아이가 어릴수록 갖고 싶은 것을 사주지 않으면 마트에서 떼를 쓰는 일이 많이 생긴다. 그럴 때 아이가 한 말을 따라 하고 상상하게 해준다. 아이가 새로운 것을 갖고 싶어 하는 욕구를 인정한다. 장을 보러 가기 전에는 아이와 살 것을 미리 정해둔다. 평소에는 돈이 무엇인지, 어떻게 돈을 쓰는 게 현명한 것인지, 돈의 의미를 아이에게 가르쳐준다. 아이는 돈을 대하는 가치관을 부모에게 배운다.

아이의 마음을 채우는 한 마디

"이거 사고 싶지? 엄마도 다 사주고 싶어. 돈은 갖고 싶은 것을 살 수 있게 해주지만 쓸 수 있는 돈이 정해져 있어."

아이가 새 장난감을 사고 싶어 하는 마음을 알아준다. 구매하면 어떻게 가지고 놀지, 얼마나 재밌을지 마음껏 상상하게 해준다. 아이는 돈에 대해서 배워야 한다. 그래야 건강한 경제 관념을 가지고 독립할 수 있다. 아이에게 일상에서 경제관념을 가르쳐주자. 경험이 반복될수록 마트에서 장난감 사달라고 떼쓰던 아이는 돈을 필요한 곳에 알맞게 쓰는 아이로 자랄 것이다.

엄마의 마음 돌보기

"나에게는 충분한 돈이 있어."

내가 돈에 대해 어떤 감정을 느끼는지 살펴보자. 대체로 돈이 충분하다는 마음보다는 늘 부족하다는 생각이 크게 자리 잡고 있다. 그러다 보면 "돈이 없어", "나는 왜 이렇게 돈이 없을까.", "돈 좀 많으면 좋겠다."라는 말을 자주 하게 된다. 이제는 "나에게는 충분한 돈이 있어, 오늘 이것을 살 수 있어서 감사해."라고 말해보자. 지금 이 순간 내가 가지고 있는 것에 초점을 맞춘다. 돈을 쓸 때는 내가 쓸 수 있는 돈이 있어서 감사하는 마음을 더한다. 아이는 부모가 돈을 대하는 말과 태도를 보고 그대로 흡수해서 따라 한다.

"네가 울면 엄마도 힘들어. 그만 울어"
- 어린이집 문 앞에서 엄마를 붙잡고 울 때

"엄마, 가지 마."

5살 둘째 아이는 어린이집 문에 들어서자마자 내 다리를 잡고 말했다. 아침부터 어린이집에 가기 싫다고 했다.

"지민아, 선생님하고 들어갈까?"

선생님들이 한 분씩 오셔서 웃으며 아이를 반겨주셨다. 안으로 같이 들어가자고 권하셨다. 그럴수록 아이는 내 다리를 꼭 잡았다. 아이는 내 다리를 잡은 채 들어가지 않겠다고 버텼다. 결국 아이의 담임 선생님이 어린이집 문 앞으로 나오셨다.

"싫어, 안 갈 거야."

아이는 담임 선생님을 보더니 더 큰 목소리로 울었다. 어린이집 입구가 쩌렁쩌렁 울리도록 말이다. 손에 힘을 풀기는커녕 내 다리를 더 단단히 붙잡았다.

"어머님! 걱정하지 마시고, 가셔도 돼요."

나는 선생님과 함께 아이의 손을 떼어냈다. 아이는 손에 힘을 풀었다. 이제는 안으로 들어갈 수밖에 없다고 느낀 것이리라.

"지민아, 사랑해. 엄마가 이따가 데리러 올게."

"엄마!"

선생님은 우는 아이를 꼭 안아주셨다. 나는 아이에게 손을 흔들며 어린이집을 나왔다. 발걸음이 무거웠다. 어떻게든 시간을 맞춰서 아이를 어린이집에 보내고 출근하겠다는 목표를 달성했는데 울면서 헤어진 아이를 생각하니 마음이 편하지 않았다. 어린이집 선생님이 하는 말을 들으면 아이는 헤어질 때 잠깐 울고 금방 울음을 그친단다. 그러고는 데리러 올 때까지 잘 논다는 것이다. 그런데 왜 아침에 가기 싫다고 우는 걸까.

아이가 울면 마음이 좋지 않다. 아침마다 어린이집에 가기 싫다고 매달리고 버티는 아이를 떼어낼 때 속상하다. 그럴 때는 아이의 감정은 아이의 것, 엄마의 감정은 엄마의 것으로 나눈다. 아이가 느끼는 감정으로 한정해서 바라보자. 아이는 계속 배우고 있고 상황에 따라 아이는 다양한 감정을 느낀다. 지금 우리 아이는 자기의 감정을 표현하고 받아들이는 연습을 하는 중이다.

아이는 학교, 어린이집, 유치원을 정해진 시간에 가는 것으로 자기 조절력을 배운다. 어린이집은 다른 친구와 생활하면서 단체 생활에 필요한 질서와 규칙을 배우고 책임감을 연습하는 곳이다. 아이는 친구, 선생님과 관계를 맺으며 여러 가지 상황에 놓인다. 아이가 어린이집에 가기 싫어할 때는 아이가 느끼는 마음을 인정하는 게 먼저다. 대신 엄마가 아이의 말을 귀 기울여 들어주기만 해도 될지, 어린이집 선생님과 이야기를 나눠서 문제를 해결해야 할지 구분하는 게 필요하다.

1. 엄마의 마음

아이와 겨우 어린이집에 도착했다. 그 앞에서 들어가지 않겠다고 엄마 다리를 붙잡은 아이의 작은 손을 떼어내면서 마음이 편치 않다. 아이가 울면 덩달아 엄마의 기분도 같이 가라앉는다. 우는 아이를 뒤로한 채 출근하는 발걸음은 무겁다. 아이가 울지 않고 즐겁게 어린이집에 들어가면 좋겠다. 처음에는 아이의 울음에 안쓰러운 마음이 더 크다. 그런데 이런 일이 매일 반복되면 대체 언제까지 이래야 하는지 걱정스럽다.

"그만 좀 울어. 그 정도 울었으면 그칠 때도 됐잖아." 비난

"지금 너만 울고 있어. 다른 아이들은 다 잘 들어가서 놀고 있잖아." 비교

"엄마는 출근해야 해. 네가 울면 엄마도 힘들어." 평가

"선생님이 그러는데 네가 어린이집에서 잘 논다더라. 가면 잘 놀 거면서 그

래. 네가 가기 싫을 게 뭐가 있어." 무시

"너는 어린이집에서 놀기만 하면 되잖아. 네가 돈을 벌어야 하니. 일해야

하니. 노는 게 전부잖아. 그런데도 싫다고 이러니?" 조언

2. 아이의 마음

나는 엄마가 제일 좋고 엄마랑 같이 있고 싶다. 엄마랑 집에 있으면

하고 싶은 놀이도 마음껏 하고, 놀고 싶은 만큼 놀 수 있다. 어린이집에

서는 선생님이 그만 놀고 정리하라면 정리해야 한다. 지켜야 할 규칙도

많다. 낮잠 안 자고 놀고 싶어도 낮잠을 자야 한다. 그래서 싫다.

3. 자기 조절력을 길러주는 말

1) 아이가 힘들다고 하는 말을 귀 기울여 듣는다

아이의 말을 메아리 기법으로 따라 말한다. 어린이집에서 힘든 게

있는지 주제를 바꿔서 물어본다. 가기 싫은 이유가 단순하게 엄마가 있

는 게 좋아서 그런 건지, 어린이집에서 생활하는 게 힘들어서 싫은 건

지 구분한다.

아이가 힘들다고 하는 것을 말할 때 귀 기울여 듣는다. 아이의 편이

되어서 그럴 수 있다고 인정해 준다.

"어린이집에 가기 싫어? 그렇구나. 가기 싫구나."

"어린이집에서 힘든 거 있어?"

> "그게 힘들었구나. 어떻게 하면 좋을까?"
>
> "엄마가 뭘 도와주면 좋을까?"

2) 하원할 때 아이를 따뜻하게 안아준다

아이를 만나면 꼭 안아준다. 어린이집에서 하루를 잘 보내고 돌아온 아이를 인정해 준다. 또는 힘들었을 아이의 마음을 헤아려 준다.

> "엄마는 네가 아주 많이 보고 싶었어. 지금 너를 만나서 기분 좋아."
>
> "오늘 집에 오고 싶고 엄마가 보고 싶었을 텐데. 대견해."
>
> "어린이집이 끝날 때까지 있느라고 힘들었을 텐데. 잘 지내줘서 고마워."

3) 아침에 엄마의 사랑이 담긴 편지를 가방에 넣어준다

아이의 가방에 사랑의 메시지를 쓴 편지나 수첩을 넣어둔다. 아이에게 엄마가 보고 싶을 때는 가방에서 엄마의 편지를 찾아보라고 이야기한다.

> "오늘 어린이집에서 애쓸 너에게 편지를 썼어. 사랑의 편지야. 엄마가 생각나면 꺼내서 봐."

4) 엄마에게는 아이가 제일 중요한 존재라는 것을 말해준다

아이가 너무 힘들어할 때는 제일 중요한 사람이 아이라는 것을 알려준다. 엄마가 출근을 안 할 때는 아이도 어린이집을 쉬면서 시간을 함께 보내도 좋다. 하루, 이틀 안 보내면 아이가 어린이집에 다시 적응하는 게 힘들까 봐 염려스러울 것이다. 하지만 엄마가 어떻게 표현하는지에 따라 아이는 다르게 받아들인다. 정말 힘들어 할 때는 하루 쉬어도 괜찮다. 크게 문제 되지 않는다. 에너지를 채우고 힘내서 어린이집에 가면 된다고 알려주면 된다. 그날은 아이의 정서 통장에 사랑을 채우는 날로 만들자. 아이가 다음 엄마의 쉬는 날을 기대하도록 말이다. 또는 날짜를 미리 정해놓고 엄마와 시간을 보내는 것도 괜찮다. 아이는 소풍 가는 날을 기다리듯이 엄마와 데이트하는 날을 기다리면서 다른 날을 보낼 것이다.

> "엄마에게는 네가 제일 중요해. 네가 힘든 이유가 있을 거야. 네 마음이 즐겁고 편안한 게 엄마한테는 가장 중요하거든."
> "오늘 엄마 출근 안 하는 날이야. 오늘 어린이집 쉬고 같이 놀까?"
> "한 달에 한 번은 엄마와 노는 날로 정해볼까? 언제 어린이집 쉬고 엄마와 놀고 싶어?"

5) 적응이 힘든 아이에게 비슷한 주제의 그림책을 읽어준다

어린이집, 유치원에 가기 싫어 하는 아이 이야기가 담긴 책을 읽어준다. 《공룡 유치원1: 처음 유치원에 가는 날》이나 《유치원 가기 싫어!》 같은 그림책을 추천한다. 아이가 어린이집에 가기 싫을 수 있고, 힘들면 힘들다고 말해도 된다는 것을 알려준다.

"사랑은 다른 어떤 것보다도 중요하다. 하지만 과거나 미래
에 사랑할 수는 없다. 오직 현재, 지금 이 순간에만 사랑할 수
있다."

톨스토이가 말했다. 아이는 다양한 것을 경험하고 배우며 자란
다. 아이가 어린이집에 가는 것은 자기 조절력을 기르는 시간이
다. 아이가 어린이집을 가기 싫어할 때는 그 이유를 잘 구분한다.
엄마와 있고 싶어서 그런 건지, 어린이집 생활 중에서 힘든 게 있
어서 싫다고 하는지를 말이다. 엄마와 있고 싶어서 그런 거라면
단 둘이 데이트를 하는 날을 정해서 아이가 그날을 기대할 수 있
도록 만들어주자. 아이가 힘들어할 때 엄마의 도움이 필요한가?
선생님과 상담하며 아이가 힘들어하는 것을 해결해 줄 수 있다.
아이가 어떤 것을 경험하든 괜찮다. 아이에게는 힘들 때 귀 기
울여 들어주는 사람이 필요하다. 아이가 애쓰고 있는 것을 인정
해 주는 것만으로도 아이의 정서 통장이 채워진다. 아이가 엄마
에게 사랑받고 있다고 느끼는 게 중요하다. 엄마의 사랑은 어린
이집에서 다양한 상황을 경험할 때 힘을 준다.

"어린이집에서 엄마가 보고 싶었을 텐데. 대견해."

아이를 인정해 주는 말을 해주자. 아이도 어린이집에서 나름 애쓰며 엄마가 보고 싶어도 참고 시간을 보내고 있다는 것을 알아주자. 아이를 알아주는 말로 정서 통장을 채우는 게 먼저다. 그래야 아이는 엄마가 없는 곳에서 하루를 보내는 힘이 생긴다.

"아이가 엄마 옆이 더 좋다고 말하는 것도 언제까지나 계속되지 않아."

아이와 함께하는 시간 많이 사랑을 표현하자. 아이가 엄마 곁이 좋아서 껌딱지 같이 붙어 있는 것도 한 때다. 끝나지 않을 것 같은 한 몸 육아도 영원히 계속되지 않는다. 아이가 내 곁에 있는 오늘에 집중하자.

"엄마가 조심히 가라고 했지"

- 뛰어가다가 넘어졌을 때

"내가 먼저 앞에 갈 거라고!"

나는 두 아이를 데리고 도서관에 갔다. 가는 길에 아이들은 킥보드를 탔다. 첫째 아이가 둘째 아이보다 앞서 나가자 둘째 아이가 소리를 지르며 엉엉 울기 시작했다. 둘째 아이는 오빠가 자기보다 앞서가는 것을 견디기 힘들어했다. 나는 저렇게 빨리 가려고 하다가 넘어질 수 있겠다는 마음이 들어서 아이들에게 말했다.

"조심해서 가."

결국 둘째 아이가 가다가 넘어졌으나 다행히 크게 다치지 않았다. 그런데 넘어지자마자 이렇게 된 걸 오빠 탓으로 돌리기 시작했다.

"오빠가 앞에 가서 내가 넘어졌잖아. 오빠 미워."

자신이 넘어진 것을 오빠 탓으로 떠넘기는 둘째 아이의 말이 들렸다. 조심하면서 안전하게 가면 넘어지지 않았을텐데 막 달려갔으면서 오빠를 탓하는 것은 잘못이라는 생각이 들었다. 아이가 넘어지면서 느낀 것은 생각하지 못하고 아이에게 설교, 비난, 조언을 늘어놓았다.

"그러니까 엄마가 뭐라고 그랬어. 조심히 가라고 했지. 그리고 넘어진 게 오빠 탓이야? 네가 빠르게 달려가다가 바닥을 못 봐서 그런 거 아니야. 오빠가 너보다 크잖아. 오빠가 너보다 더 빠른 게 당연하지. 넘어지면 너만 아프잖아."

둘째 아이는 내 말을 듣더니 더욱 서럽게 울면서 좀처럼 울음을 그치지 못했다. 즐겁게 도서관으로 가던 길이 울음바다로 바뀌었다. 아이들은 뛰다가 잘 넘어진다. 놀면서도 한눈팔다 수시로 다치기도 한다. 그것을 알기에 아이들에게 자주 하는 말이 있다. 바로 "조심해!"다. 엄마의 눈에는 아이가 전혀 조심하며 놀지 않는 것 같다. 어떤 행동은 위험해 보이기까지 한다. 엄마에게는 아이가 안전하고 즐겁게 노는 게 중요하다. 그러다 보면 아이의 뒤를 따라다니며 잔소리를 늘어놓게 된다.

아이는 놀면서 무엇을 조심해야 하는지를 배운다. 엄마가 백번 말해봐야 아이가 자기의 행동을 살피지 않으면 소용이 없다. "그러니까 조심하라고 했잖아. 이렇게 덜렁거리니 넘어지지."라며 잔소리할수록 아이의 마음에 엄마의 말이 남는다. 아이는 스스로 '덤벙거리는 사람, 덜렁거리는 사람'이라는 자아상을 가지게 된다. 아이는 언제든 넘어질 수 있고 넘어지는 건 큰 문제가 아니다. 엄마가 그것을 어떻게 바라보고 받아들이는지가 더 중요하다. 아이는 자기 조절력을 기르며 자기의 몸을 책임지고 안전하게 노는 방법을 배우는 중이다. 넘어졌다면 툭툭 털고 다시 일어나면 된다. 엄마는 넘어진 아이가 괜찮은지 살펴주고, 아이의 마음을 토닥여주자. 나아가 아이가 다치지 않고 안전하게 노는 방법을 생각해 볼 수 있도록 도와줄 수 있다.

1. 엄마의 마음

아이가 다치면 속상하다. 아이가 조심하지 않아서, 덜렁거려서 넘어지는 것 같다. 급하게 뛰어가는 아이를 보며 걱정스러운 눈빛, 말투로 말하게 된다.

아이가 넘어져서 울면 엄마의 마음은 아프다. 아이가 걱정스럽고 갑작스러운 일에 심장이 철렁한다. 복잡한 마음에 아이에게 비난이나 조언, 설교, 잔소리하게 된다.

> "조심해. 뛰지 말라니까." 명령
> "너 그러다 넘어져서 다친다니까." 부정적인 결과

"그러니까 엄마가 조심하라고 했잖아. 왜 이렇게 덜렁거려." 조언

"앞을 좀 잘 보라고. 넌 눈을 어디에 두고 다니는 거냐?" 비난

"네가 조심하지 않아서 자꾸 넘어지는 거 아니야. 조심히 좀 다녀." 평가

2. 아이의 마음

달리기도 제일 빨리 달리고 싶고 높은 곳에 올라가는 것도 재미있어 보인다. 위험하고 무서우면 하지 않는다. 그런데 몸이 생각처럼 움직이지 않거나 갑자기 어딘가에 걸려서 넘어질 때가 있다. 넘어지면 아프고 속상하다. 부끄럽다. 게다가 넘어졌을 때 엄마가 조언하는 말을 들으니, 기분이 더 안 좋아진다. 그저 내가 어떤지만 물어봐 주면 좋겠다.

3. 자기 조절력과 책임감을 기르는 말

1) 아이의 마음을 다독이는 말을 한다

"괜찮아."는 아이의 마음을 가라앉히는 마법의 말이다. 이 말을 하면서 아이의 몸을 찬찬히 살핀다. 아이에게 엄마의 도움이 필요한지를 물어본다. 아이가 지금 자기에게 필요한 것을 생각해서 대답한다.

"괜찮아? 어디 다치지 않았니?"

"엄마가 무엇을 도와줄까?"

2) 아이의 마음을 알아주는 말을 한다

놀면서 넘어지고 싶은 아이는 없다. 재밌게 놀고 싶을 뿐이다. 하지만 아이가 어릴수록 대근육 발달이 미숙해 생각한 것보다 몸이 잘 따라오지 않을 때도 있다. 노는 것에 빠져있다 보면 잘 안 보이는 것도 생긴다. 어른도 걷다가 넘어지거나 다리를 삐끗하기도 하지 않은가. 그러니 놀면서 아이가 느꼈을 마음을 말해준다.

> "잘하고 싶었구나."
> "빠르게 달리고 싶었구나."
> "재밌게 놀고 싶었구나."

3) 엄마의 마음을 솔직하게 전하고 아이가 다음을 생각하도록 질문한다

아이가 넘어지면 엄마는 속상하다. 걱정스러운 마음에 잔소리를 하게 된다. 그것보다는 아이에게 엄마의 마음을 있는 그대로 알려주는 게 낫다. 앞으로는 어떻게 하면 좋을지 아이가 생각할 수 있도록 도와준다. 잔소리와 비난은 아이에게 고민할 기회를 주지 않는다. 넘어진 아픔과 엄마를 원망하는 마음만 키울 뿐이고 자책이나 남을 탓하게 만든다. 이미 일이 벌어진 뒤에는 아이가 앞으로 어떻게 하면 좋을지 생각할 수 있도록 질문을 하자.

"엄마는 네가 다쳤을까 봐 걱정했어. 네가 아프면 엄마도 마음이 아프거든. 다음에 즐겁게 놀려면 어떻게 하면 좋을까?"

4) 놀기 전에 미리 설명한다

아이에게 가이드를 준다. 깨지거나 다칠 수 있는 물건은 미리 치운다. 아이에게 어떻게 노는 게 좋을지 물어보고 적절한 한계를 정한다. 아이 주변에 울타리를 넓게 쳐주고 그 안에서 자유롭게 놀 수 있도록 도와준다. 허용범위는 우리 아이에게 맞게 정한다.

"여기는 길이 울퉁불퉁해. 뛰다가 넘어질 수 있어. 달리는 것보다 걷는 게 좋겠다."
"그건 위험해 보여. 엄마는 네가 다칠까 걱정되는데 다른 방법으로 놀아볼까?"
"여기에서 안전하게 놀려면 어떻게 하면 좋을까?"

"마찬가지로 자신의 노예가 실수하지 않기를 바라는 자 역시 어리석다. 왜냐하면 그것은 '잘못된 것'을 잘못된 것이 아닌 것, 다른 무엇이 되기를 바라는 것이기 때문이다. 다만 그대 자신이 이루고자 하는 것이 실패하지 않기를 바란다면, 그것은 가능하다. 그러므로 그대가 할 수 있는 일, 바로 그 일에 전념하라."

《엥케이리디온》에서 철학자 에픽테토스가 한 말이다. 아이는 놀면서 실수할 수 있다. 뛰다가 넘어질 수 있다. 아이가 넘어지는 게 잘못은 아니다. 물론 다치지 않고 노는 게 가장 좋다. 하지만 우리는 전혀 생각지 못한 일로 사고를 당하기도 하고 조심하더라도 예상치 못한 일은 언제라도 생길 수 있다. 아이는 자라면서 수도 없이 넘어지고 일어난다. 이것은 자연스러운 일이고 자기 조절력과 책임감을 길러준다.

우리는 아이에게 어떤 말을 해줄지를 정하고 아이의 행동에 반응하는 말, 태도를 연습할 수 있다. 이미 일어난 일은 어떻게 할 수 없다. 이미 쏟은 물은 담을 수 없다. 아이가 스스로 자기 몸을 조절할 수 있도록 도와주자.

아이의 마음을 채우는 한 마디

"안전하게 놀려면 어떻게 하는 게 좋을까?"

아이는 놀면서 자기 조절력과 책임감을 기를 수 있다. 엄마와 아이가 생각하는 기준이 달라서 아이는 엄마 눈에 위험해 보이는 일에도 도전하고 싶어 한다. 아이가 안전하게 노는 방법을 생각할 수 있도록 물어보자. 놀다가 넘어졌을 때는 아이에게 "괜찮아?" 물으며 마음을 진정시킨다. 그다음에 어떻게 하면 좋을지 짚어보며 가볍게 넘어간다. 넘어진 일을 아이의 성격으로 연결 짓거나 실수에 대해서 잔소리를 하기보다 아이가 앞으로 조심하도록 알려주는 게 더 낫다.

"넘어져도 괜찮아. 다시 일어나면 돼.

다음에 어떻게 하면 좋을까?"

엄마도 육체적으로나 정신적으로 넘어질 수 있다. 실수할 수 있다. 그때마다 나를 비난하지 않는 게 중요하다. 나에게 괜찮은지 물어본다. 어떤 일이든 일어날 수 있다고 받아들인다. 모든 일은 과정일 뿐이다. 훌훌 털고 일어나 스스로 격려하자. 이미 일어난 일에 매여있기보다는 앞으로 할 수 있는 일과 바꿀 수 있는 일을 생각한다.

7

"불편해도 좀 참아!"

- 차에서 떼쓸 때

아이들이 처음에 카시트에 적응할 때는 자주 울었다. 첫째는 아주 어릴 때 빼고는 크게 문제없이 카시트에 탔다. 하지만 둘째 아이는 카시트를 세 번째 바꾸고 여섯 살이 되어서도 여전히 힘들어한다.

처음에는 불편해하는 아이의 마음을 알아주려고 노력했다. 그것도 한두 번이지 계속 듣다 보면 짜증이 난다. 혼자 운전하며, 아이 살피기까지 하려니 안 그래도 정신이 없는 상황에 그러다 보면 아이들을 데리고 장거리를 이동하는 것부터 스트레스다. 그냥 집에 있고 싶다. 하지만 힘든 건 아이 역시 마찬가지다.

둘째 아이가 계속 안전벨트를 안 하겠다고 버티는 날이 있다.

시간 맞춰 도착해야 할 때 유독 그런다. 그대로 갈 수는 없으니 고집을 부리는 아이를 보면서 마음이 조급해진다. 아이에게 억지로 안전벨트를 채우면서 말한다.

"불편해도 참아. 차 타고 가야 하는데 어떻게 해. 그럼 너는 안 가고 집에 혼자 있을 거야?"

처음에는 아이의 거부를 받아주다가 어느새 한계에 다다른다.

"그렇게 안전벨트 하기 싫으면 차에서 내려. 넌 밖에 있어."

아이를 억지로 차에서 끌어내리자 아이는 고래고래 소리를 지르며 운다. 약속 시간에 늦지 않으려고 미리 나온 건데, 그것도 계획대로 되지 않는다. 아이로 인해서 늦는다고 생각하니까 속에서 천불이 난다.

어린아이가 차를 탈 때는 카시트에 타거나 안전벨트를 차고 이동해야 한다. 안전과 관련된 중요한 일이다. 우리나라 도로교통법 규정에서는 0~6세 미만의 영유아는 고속도로, 일반도로에서 의무적으로 카시트에 타야 한다고 나와 있다. 만 6세부터 13세까지는 안전벨트 의무 착용이다. 아이가 불편하다고 해서 안 할 수는 없다. 무조건 지켜야 한다. 그렇지 않으면 범칙금을 내야 한다.

아이가 어릴수록 안전을 위한 규칙을 잘 이해하지 못하고 그저 자기가 불편한지, 편안한지만 중요하다. 아이는 불편해도 차에서 카시트에 타는 것, 안전벨트를 차는 것에 익숙해져야 한다. 아이를 안전하게 보호하는 일이기 때문이다.

아이가 불편함을 참는 일이 아이의 자기 조절력과 책임감을 기르는 것과 연결된다. 불편해도 안전을 선택하고 지키려고 하는 것은 자기 조절력을 키우는 일이다. 내 몸을 내가 지켜야 한다는 책임감도 따라온다.

1. 엄마의 마음

아이들을 데리고 어디에 가려면 챙겨야 할 짐이 많다. 특히 시간 안에 도착해야 하는 곳이라면 아이들과 준비해서 나가는 것부터 스트레스다. 겨우 준비하고 나왔다 싶은데 아이는 차에서도 말썽이다. 카시트에 앉는 게 불편하다, 안전벨트가 불편하다 투정을 부린다. 아이가 불편하지 않도록 살피는 데도 아이가 계속 안 하겠다고 하면 엄마도 짜증이 난다. 아이에게 말이 곱게 나가지 않는다.

> "그냥 좀 참아. 이번이 처음도 아니잖아." 충고
> "너는 차를 탈 때마다 왜 이렇게 까다로워." 평가
> "차에서는 카시트에 타는 거라고 몇 번을 말해. 하기 싫어도 무조건 하는 거라고." 비난
> "자꾸 그러면 너는 가지 마. 차에서 내려. 엄마랑 오빠만 가야겠다." 협박

2. 아이의 마음

차를 타고 가는 게 불편하다. 카시트에 앉는 것도 갑갑하다. 카시트에 앉으면 그냥 안전벨트를 차는 것보다 배가 더 눌린다. 안전벨트가 배를 누르면 배도 아픈 것 같다. 속도 안 좋다. 덩달아 기분이 안 좋다. 차에서는 몸을 마음대로 움직일 수가 없다. 뭐 하나 편안한 게 없다.

3. 자기 조절력과 책임감을 기르는 말

1) 메아리 기법으로 불편해하는 아이의 마음을 인정한다

아이가 불편하다는 것을 알아준다. 몇 번 했다고 해서 편안해지지 않을 수 있다고, 불편함을 알고 있다고 설명해 준다. 아이의 감각을 존중한다. 내가 생각할 때 별거 아닌 일이라도 아이는 다르게 느낄 수 있으니 아이의 감각이나 감정을 무시하지 않는다.

> "불편해? 맞아, 안전벨트는 불편해."
> "카시트가 불편하다고? 그래. 카시트는 불편하지."

2) 아이의 몸이 불편한 것을 해결할 수 있는 방법을 찾는다

아이가 좀 더 편안하게 느낄 수 있는 수단을 찾는다. 차 안은 기본적으로 몸이 편안할 수 없는 곳이다. 그래도 아이가 차 안에서 편안함을 찾을 수 있도록 카시트 다리 발판, 안전벨트 가드, 트레이 등 다양한 물건을 활용한다. 아이가 특히 불편하게 여기는 것이 무엇인지 알아보고 필요한 도구를 아이와 함께 고른다.

> "엄마가 무엇을 도와줄까?"
>
> "어떻게 하면 편안할까?"

3) 차에서 카시트에 앉는 것, 안전벨트를 해야 하는 이유를 설명 한다

카시트에 앉는 것과 안전벨트를 매는 것은 꼭 지켜야 하는 규칙이라는 것을 알려준다. 규칙은 선택하는 것이 아니고 규칙을 지키는 게 내 몸을 소중하게 여기고 엄마를 도와주는 행동이라고 설명한다.

아이에게 설명하고 난 뒤에 이해한 것을 질문하며 하지 않으려는 이유를 파악한다.

> "우리나라에는 도로에서 지켜야 하는 규칙이 있어. 우리가 길을 건널 때 빨간 불에는 멈추고 파란 불에는 건너지? 이게 규칙이야. 규칙을 정한 건 우리를 안전하게 지켜주기 위해서지. 달리는 차에서 사고가 나면 우리 몸이 아주 위험해질 수 있거든. 크게 다치면 병원에도 가야 하고. 지민이는 병원에 가는 거 싫지? 카시트와 안전벨트가 우리의 몸을 지켜줘. 내 몸을 지켜주는 규칙은 불편해도 따라야 하는 거야. 차에서 6살까지는 카시트에 앉는 게 규칙이야. 이 규칙은 어기면 엄마가 벌금을 내야 해. 지민이가 규칙을 지키는 게 엄마를 도와주는 거야. 엄마 도와줄래?"
>
> "차를 탈 때 어디에 앉아야 한다고?"

4) 차에서 아이와 다양한 말놀이 게임을 한다

아이는 안전벨트도 불편하지만 가는 내내 심심하다. 이럴 때는 아이와 이동하면서 다양한 말놀이를 하면 좋다. 말놀이의 종류는 무궁무진하지만 갑자기 하려면 생각나지 않을 수 있다. 엄마 나름대로 차에서 할 말놀이 목록을 만들어 두는 것도 괜찮다.

'끝말잇기, 앞 글자가 ○으로 시작하는 말놀이, 동물 이름만 말하기처럼 특정 주제에 속하는 단어 말하기, 내 앞에 지나갈 차 앞자리 번호 알아맞히기, 스무고개, 수수께끼, 단어 기억하기, 특정 숫자 말하지 않기 게임' 같은 것이 있다. 차에서 하고 싶은 놀이를 제안하고 아이가 선택해도 좋고 아이가 아는 놀이가 있다면 그 놀이를 해도 괜찮다.

> "숫자 31을 말하지 않는 게임이랑 끝말잇기 중에 뭐를 하고 싶어?"
> "어떤 놀이 하면서 갈까?"

5) 구글 타이머를 활용해서 시간이 지나가는 것을 눈으로 느끼게 돕는다

아이는 언제 도착하는지 궁금하다. 아이에게 구글 타이머를 주고 몇 분에 맞추게 해 시간의 변화를 눈으로 볼 수 있도록 도와준다. 출발할 때 네이게이션에 뜬 도착 시간을 알려준다. 시간 외에 이동 거리도 설명한다. 아이의 몸을 기준으로 알려주면 좀 더 쉽게 이해한다.

"지금 10시야. 11시 30분에 도착한대. 1시간 30분 걸려."

"여기에서 도착하는 곳까지 50km래. 50km면 50,000m야. 지민이 키가 1m니까 5만 명이 쭉 누워있는 거야."

"괴로움은 즐거움의 어머니다."

《명심보감》에 나오는 말이다. 육아하다 보면 내 뜻대로 되지 않을 때가 많다. 아이와 내가 느끼는 게 서로 다를 때도 있다. 아이가 떼를 쓰면 받아주는 게 힘들지만 아이가 자라면서 불편한 것을 견디는 힘이 생긴다. 모두 지나가는 과정이다.

이런 상황에서 아이와 좀 더 편안하게, 즐겁게 할 수 있는 것을 찾아보자. 아이는 늘 같은 상태에 머무르지 않는다. 지켜야 할 규칙이라면 불편한 것에 초점을 맞추기보다는 바꿀 수 있는 것에 집중해서 내가 할 수 있는 것을 바꿔나간다. 아이는 계속 자란다는 것을 기억하자.

"어떻게 하면 편안할까?"

아이가 카시트나 안전 벨트를 불편해하는 마음을 알아준다. 거기에서 조금 더 편안하게 느낄 수 있는 방법을 아이와 함께 찾아본다. 아이마다 느끼는 감각이 다르다. 우리 아이에게 맞는 답이 있다는 마음으로 하나씩 시도해 보자. 아이가 꼭 지켜야 하는 규칙을 알고 적응하는 과정에서 아이의 자기 조절력과 책임감을 높여줄 수 있다.

"이 또한 지나가리라."

지금 힘겹다고 느껴지는 일도 어느새 지나간다. 아이가 계속 자라기 때문이다. 끝나지 않을 것 같은 육아조차 아이가 독립하는 날이 온다. 현재 어려움을 맞이하고 있는 문제를 해결해 가면서 한발씩 내딛고 있는 나를 응원하자. 나는 날마다 성장하고 있는 멋진 엄마다.

8

"내가 너 숙제 미룰 때 알아봤어"

- 자기의 할 일을 하기 싫어할 때

"받아쓰기 숙제하기 싫어요. 안 하고 싶어요."

첫째 아이가 말했다. 이번 주에 시험 볼 문장 10개를 1번씩 써야 하는 숙제다. 첫째 아이는 책 읽기를 좋아하지만, 쓰기는 정말 싫어한다. 계속 놀다가 자야 할 때가 다 되서 겨우 공책을 펴서 앉았다. 하기 싫은 것을 억지로 하느라 글씨는 엉망이다. 아이의 글씨, 자세를 보면서 잔소리가 나오려고 한다. 얼마 되지도 않으니까 집중해서 쓰면 금방 끝날 텐데 하기 싫다고 하니 그것도 마음에 들지 않는다.

학교에 들어간 아이와 씨름하게 되는 것 중에 하나는 숙제다. 숙제를 좋아하는 아이는 별로 없다. 미루고 미루다 자기 전에 하거나 대충 끝내버린다. 그래서 아이가 더 잘할 수 있도록 옆에서 도와주다 보면 엄마의 숙제가 되기도 한다. 알아서 하지 않는 아이를 보며 어쩌려고 그러나 싶은 걱정스러운 마음이 든다. 그러다 보면 아이에게 잔소리를 하게 된다.

숙제나 공부에서 중요한 것은 아이가 자기의 수준에 맞추는 것이다. 또 자기 조절력과 책임감을 길러주니 꼭 필요한 일이다. 놀고 싶어도 참고 하는 것, 잘 안돼도 좀 더 해보려는 것, 어제보다 오늘 더 나아지는 것에 기쁨을 느끼며 아이는 성장한다.

숙제와 공부는 자칫하면 눈에 보이는 결과에만 집중하기 쉽다. 아이에게 "숙제 열심히 해.", "공부 잘해야지", "하려면 제대로 해."라는 말을 달고 살지 않는가? 이것은 모두 결과에 초점을 맞춘 말이어서 아이는 잘하지 못하면 안 하는 게 낫다고 여긴다.

또는 엄마는 아이가 공부에 스트레스를 받는 게 안쓰러워서 "에이, 공부 좀 못하면 어때. 엄마는 네가 좀 못해도 괜찮아."라는 말로 아이를 위로한다. 이것도 아이의 성장에는 도움이 되지 않는다. 공부를 못하고 싶어 하는 아이는 없다. 잘하고 싶은데 자기는 생각만큼 안 되서 속상하고 힘들어하는 아이들이 더 많다.

1. 엄마의 마음

아이가 스스로 숙제하고 공부를 하면 좋겠다. 말하기 전까지 놀기만 하고 숙제를 할 생각을 아예 안 하는 것 같다. 아이를 보고 있으면 답답하다. 엄마가 말하면 그때가 되어서 겨우 시작할까 말까다. 내가 말하지 않으면 꼭 자기 바로 전에 숙제하려고 한다. 게다가 할 때는 제대로 해야 하는데 글씨부터 엉망이다. 자세는 또 어떤가. 보고 있으면 속이 터진다. 저런 자세는 집중도 안 되고 키도 안 클 것 같다. 아이에게 잔소리하기 시작한다. 처음에는 아이의 행동을 지적하지만 아이가 엄마의 말을 듣고 짜증 내거나 태도가 바르지 않으면 잔소리의 범위가 넓어진다.

"똑바로 앉아서 해." 명령

"글씨 좀 제대로 써. 이래서 알아볼 수 있겠니?" 충고

"그러니까 미리미리 하라고 했잖아. 그렇게 미루더니 왜 엄마한테 짜증을 내니?" 충고

"내가 너 숙제 미룰 때부터 알아봤다. 네가 그러면 그렇지." 무시

"네가 엄마를 위해서 공부하니? 다 너한테 필요하고 도움이 되는 거잖아. 그렇게 하기 싫으면 공부하지 마." 판단

"이 정도 하는 걸로 뭐가 힘들다고. 너보다 공부 많이 하는 애들이 얼마나 많은 줄 알아?" 비교

2. 아이의 마음

숙제는 없으면 좋겠고 공부도 안 하고 싶다. 학교와 학원에 갔다 오면 저녁이라 집에 와서 별로 놀지도 못한다. 저녁 먹고 숙제하다 보면 자야 한다. 학교와 학원에 다니느라 온종일 공부만 하는 것 같다. 놀고

싶은 마음 때문에 숙제는 더 하기 싫다. 참고 해야 하는데 짜증 난다. 숙제하고 공부하는 것이 지겹다.

3. 자기 조절력과 책임감을 높여주는 말

1) 숙제나 공부하기 싫어 하는 마음을 인정한다

아이의 마음을 알아주고 엄마도 그런 때가 있었다고 공감해준다. 학생 때 숙제를 정말 하기 싫었을 때가 있지 않은가. 시험을 앞두고 공부하는 게 싫어서 미루던 날도 많았다. 아이 역시 나와 다르지 않다.

> "지금 숙제하기 싫어? 엄마도 학생 때 하기 싫었어. 방학 때 일기 쓰기가 제일 싫었지."
>
> "공부하기 싫어? 맞아. 해야 하는데 하기 싫을 때가 있지. 엄마는 시험을 앞두면 더 공부하기 싫더라. 미루고 미루다가 벼락치기로 할 때도 있었어."

2) 아이의 일과 엄마의 일을 구분한다

숙제와 공부의 책임은 아이에게 있다. 물론 아이 혼자 하기 어려운 어떤 숙제는 엄마가 도움을 줄 수도 있다. 이때 아이에게 엄마의 도움이 필요한지 물어본다.

> "숙제는 네 일이야. 엄마의 도움이 필요하면 이야기해."
>
> "숙제하는 동안 엄마가 도와줄 일이 있니?"

3) 숙제를 시작했는지 확인한다

숙제하든 공부하든 시작하는 게 어렵다. 아이가 놀고 싶다는 마음의 저항을 이겨내고 해야 하는 것이기 때문이다. 아이에게 숙제하라는 말을 하지 않는다. 대신 오늘 숙제가 있는지, 한다면 언제 할 생각인지를 아이의 계획을 물어본다.

> "오늘 선생님이 내준 숙제 있니?"
>
> "숙제는 언제 할 생각이야?"

4) 아이가 숙제할 동안에는 말을 줄인다

아이가 흐트러진 자세로 앉아 있거나 글씨를 잘 쓰지 못할 수 있다. 어떤 모습으로 숙제를 하든 아이의 몫이다. 아이가 숙제할 때 아이를 보고 있으면 자세를 바르게 하면 좋겠고 숙제에 집중하기를 바라는 마음이 들 수 있다. 그래도 입을 다문다. 갑자기 생각난 말도 아이가 숙제를 마친 뒤에 물어본다. 아이는 숙제하는 동안 엄마가 곁에 있기를 바랄 수 있다. 이때는 아이 옆에서 엄마의 할 일을 한다. 아이가 도움을 요청할 때 도와준다.

5) 숙제든 공부든 오늘 해야 할 일을 해낸 아이를 격려한다

아이가 한 행동에 대해서 격려하는 말을 해준다. 아이를 보고 웃어주기, 감탄하며 안아주기 등으로 표현해도 좋다. 많은 말을 해주지 않아도 엄마의 인정하는 눈빛, 몸짓, 감탄만으로도 아이의 기분이 좋아진다.

> "숙제를 시작했구나. 멋지다."
> "네가 숙제하는 모습을 보니까 엄마도 기분이 좋아."
> "우와~ 오늘 숙제를 했구나. 아주 좋아."
> "오늘 이 정도면 했으면 아주 잘하는 거 같은데? 대견해."
> "지난번보다 글씨를 더 잘 쓰는구나. 멋지다."

"우리가 무엇을 본다는 사실만 중요한 것이 아니라, 그것을
어떻게 보느냐도 중요하다."

《몽테뉴의 수상록》에 나오는 글이다. 숙제나 공부는 아이의 일
이다. 엄마의 일과 아이의 일을 구분하자. 엄마는 아이가 해야 할
일을 할 수 있는 환경을 만들어줄 수는 있다. 간식을 주거나 아이
의 어려움을 들어줄 수도 있다. 하지만 숙제와 공부는 아이가 직
접 해야 하는 분야다. 아이가 날마다 자기 조절력을 높이고 자신
의 해야 할 일에 책임을 지는 것을 연습하고 있으니 격려해 주자.

엄마의 할 일은 아이가 하는 말을 있는 그대로 인정해주는 것,
아이가 조금이라고 하려는 행동을 격려하는 것뿐이다. 엄마가 어
떻게 공부와 숙제를 바라보는지에 따라서 아이도 영향을 받는다.
아이가 놀고 싶어도 참고 하나라도 하려는 모습, 지금은 잘 안돼

도 좀 더 해보려는 태도, 끝까지 해내는 것을 엄마가 알아준다. 드러난 결과를 중심으로 말하기보다는 아이가 하나씩 해나가는 과정을 따뜻하게 응원해주자. 엄마의 믿음과 격려로 아이는 자기 조절력과 책임감을 높일 수 있다.

아이의 마음을 채우는 한 마디

"오늘 이 정도면 했으면 아주 잘한 거 같은데? 대견해."

숙제와 공부를 할 때 아이가 스스로 해나가는 과정을 인정해 주자. 아이가 어제보다 더 나은 사람이 되는 것, 성장하는 기쁨을 느끼는 것에 초점을 맞추는 게 더 낫다. 엄마가 겉으로 드러난 결과만 보고 아이의 노력을 평가하거나 숙제나 공부하는 아이의 태도를 지적하고 잔소리할수록 아이는 하기 싫다는 마음만 들 뿐이다. 숙제와 공부의 주체는 아이임을 기억하자. 오늘도 우리 아이가 자기 조절력과 책임감을 기르는 모습을 격려해 주고 아이가 도와달라고 할 때 함께해 주자.

엄마의 마음 돌보기

"나는 무슨 공부를 새롭게 할까? 무엇부러 바로 시작할까?"

배움은 평생 이어가는 것이다. 아이만 숙제하고 공부하는 것이 아니다. 학교를 졸업했다고 공부가 끝나는 건 아니다. 진짜 공부, 내가 하고 싶어서 하는 공부는 이제 시작이다. 엄마도 공부하고 싶은 분야를 하나씩 만들어가자. 스스로 날마다 발전할 수 있는 숙제를 자신에게 주는 것이다. 아이가 숙제하거나 공부할 때 엄마도 곁에서 같이 한다. 아이에게 자유를 줄 수도 있다. 엄마 역시 아이처럼 오늘의 숙제나 공부를 클리어해 보자.

6장

타인과
건강한
관계를
맺는 말

"친구한테 오지랖 좀 그만 부려"
- 학교에서 자신보다 친구를 먼저 챙기는 아이

아이마다 타고나는 성향이 다르다. 우리 집 두 아이도 그렇다. 달라도 너무 다르다. 첫째 아이는 조용하고 혼자 있는 것을 좋아한다. 둘째 아이는 오빠와 함께 노는 것을 더 선호한다. 눈치가 빨라서 다른 사람에게 무엇이 필요한지를 파악해서 바로 갖다 준다. 하지만 상대방이 원하지 않는데도 알아서 해주는 게 문제다. 첫째 아이는 동생이 도와주려고 하면 짜증을 낸다.

"이거 오빠가 한다고. 네가 하지 말라고."

"그래, 오빠가 싫다잖아. 오빠 챙기는 건 안 해도 돼."

첫째 아이와 나에게 연달아 말을 들은 둘째가 울기 시작한다. 아무도 자기를 알아주지 않아서 그랬으리라. 내가 둘째 아이에게

"오빠 도와주고 싶었어?"라고 물어보기만 했어도 괜찮을 것이다.

아이는 어린이집, 유치원 등에서 생활하면서 다른 사람을 도와주고 배려하면 좋은 사람, 착한 사람이라고 배운다. 수많은 동화에서 아이가 어떤 행동을 하면 좋은지를 알려준다. 게다가 배우지 않아도 유독 친구를 잘 챙기는 아이들도 있다. 그 애들은 주변 상황을 빠르게 파악해서 친구에게 필요한 게 무엇인지 바로 안다. 문제는 자기의 일은 하지 않고 남을 챙기기에 바쁘다는 것이다. 어른의 눈에는 그게 오지랖으로 보인다. 아이가 친구를 도와준 것을 칭찬해 주기보다는 아이의 인격과 행동에 대해 평가한다.

"친구한테 오지랖 좀 그만 부려. 네 할 일을 먼저 하라고."

아이가 자기의 일을 하지 못하면서 남을 도와주는 것은 배려가 아니다. 진정한 배려가 무엇인지 알 필요가 있다. 어떻게 배려와 기여라는 가치를 알려주면서 아이가 타인과 건강한 관계를 맺을 수 있도록 도와줄 수 있을까?

1. 엄마의 마음

우리 아이가 주변 사람에게 좋은 사람이 되면 좋겠다. 어릴 때부터 배려하는 것, 도와주는 것은 좋은 거라고 가르친다. 아이에게 인성 동화를 읽어준다. 하지만 아이가 자기의 일은 하지 않으면서 다른 사람을 도와주는 건 마음에 들지 않는다. 한편 아이가 이기적으로 구는 것도 걱정스럽다. 엄마는 걱정되는 마음을 표현하기보다는 아이가 한 행동을 지적한다. 주로 아이의 성격이나 인격에 대한 부정적인 평가, 비난, 판단하는 말을 한다.

> "너는 왜 이렇게 오지랖이야?" 평가
> "그만 좀 나대라. 네 도움이 필요하지 않을 수 있잖아. 상황을 좀 보라고." 비난
> "네 일도 잘하지 못하면서 친구 도와준다고 설쳐대니? 네 일이나 제대로 하라고." 판단

2. 아이의 마음

어릴 때부터 다른 사람을 도와주는 것은 좋은 일이라고 배웠다. 배려하고 친절하게 대하면 어른들에게 칭찬받는다. 내가 좋아하는 친구가 어려워하는 것을 보면 자꾸만 도와주고 싶다. 내 일은 다음에 해도 될 것 같다. 다른 사람을 도우면 기분이 좋다. 나보다 못하고 있는 친구가 자꾸 눈에 들어온다. 지금 친구한테 뭐가 필요한지 보인다. 이것만 해주고 내 일을 해야지. 내가 함께하면 친구가 기뻐할 것 같다.

3. 다른 사람과 건강한 관계를 맺는 말

1) 다른 사람을 도와주고 싶어 하는 아이의 마음을 인정한다

아이가 학교에서 친구를 도와준 이야기를 하거나 친구를 도와주는 행동을 보면 인정하는 말을 해준다. 도와주고 싶은 마음이 앞서서 행동

한 것을 알아준다. 한 번씩 아이에게 다른 사람을 도와준 뒤에는 어떤 기분이 들었는지 물어본다.

억지로 도와준 것은 아닌지, 하고 나서 마음이 편안한지를 물어본다. 아이들은 착한 사람이 되고 싶어서 자기의 마음을 생각하기 전에 무조건 도와주려고 행동할 수 있다. 아이의 마음이 편안한지, 괜찮은지를 물어본다. 내가 힘든데 무조건 참으면서 해야 하는 것은 배려가 아니다.

> "친구를 도와주었구나."
> "친구를 도와주는 게 좋아?"
> "친구를 도와주면 어떤 마음이 들어?"
> "친구 도와주는 거 힘들 때 있지 않아?"

2) 진정한 배려와 기여를 알려준다

아이에게 배려와 기여가 무엇인지 가르쳐준다. 친구를 배려하는 것이 어떤 것인지, 어떻게 배려해야 하는지를 알려준다.

진정한 배려는 다른 사람이 처한 상황을 생각하고 친구에게 피해를 주지 않는 것이다. 한발 더 나아가서 다른 사람에게 이익이 되도록 도와주는 것이다. 친구를 도와주고 싶은 마음에 물어보지도 않고 알아서 해주는 것은 배려가 아니다. 상대방은 내 도움을 바라지 않을 수 있기 때문이다. 다른 사람이 도움을 요청했을 때 내 능력 안에서 도와주는 것이 진정한 배려다. 아이가 이것을 구분하도록 친절하게 설명한다.

> "내가 가진 재능, 잘할 수 있는 것으로 다른 사람을 도와주는 거야." `배려`
>
> "네가 있는 곳에서 도움이 되는 사람으로 지내는 거야." `기여`
>
> "배려는 다른 사람이 도와달라고 할 때 도와주는 거야."
>
> "다른 사람에게 피해를 주지 않고 도와주는 게 배려하는 거야."

3) 내가 해야 하는 일을 먼저 하고, 친구를 도와주는 건 두 번째다

아이들이 어릴수록 다른 친구를 잘 도와준다. 문제는 내 일을 다 끝내지도 않았는데 다른 사람을 도와주겠다는 마음이 앞설 때다. 아이는 친구를 도와주는 것을 좋은 일이라고 배웠고 그래서 자기의 일을 하기보다는 친구를 먼저 도와주려고 한다.

아이가 '남을 도와주는 것은 무조건 좋은 것, 내 일을 먼저 챙기는 게 이기적'이라는 흑백논리에 빠지지 않도록 한다. 나부터 챙기면 이기적인 사람이라고 생각할 수 있다. 그럴수록 내 시간을 다른 사람을 도와주는 데 과하게 쓴다. 나에게도 좋고 상대방에게도 좋아야 유익하다. 가장 좋은 것은 내 일을 먼저 끝내는 것이다. 아이는 내 일을 책임감 있게 해내는 법을 배워야 한다. 친구는 그 뒤에 도와줘도 늦지 않다.

> "네 일은 다 끝냈어?"
>
> "할 일을 다 하고 시간이 남았어? 그럼 다른 사람을 도와줘도 돼."

"네 일을 끝내는 게 먼저야. 그 뒤에 도와줘도 괜찮아. 친구도 스스로 해보고 배우는 시간이 필요해."

4) 다른 사람에게 도움이 필요한지 물어보는 말을 알려준다

사람마다 일을 처리하는 속도가 다르다. 빠르게 하는 사람이 있고 꼼꼼하게 천천히 하는 사람이 있다. 상대방에게 도움이 필요한지 먼저 확인하는 게 좋다. 상대방은 도움이 필요하지 않을 수 있기 때문이다. 눈에 보이는 모습으로 판단하기보다는 정말로 도움이 필요한지 물어보는 것을 연습한다.

"내가 도와줄까?"

"엄마(아빠), 제가 도와드릴까요?"

5) 잘 모르는 어른이 아이에게 도움을 청할 때는 주변 어른에게 말하는 법을 가르친다

아이가 타인을 도와주는 행동을 착한 일이라고 생각할 수 있다. 모르는 사람이 도와달라고 해도 선뜻 도와주려고 할지 모른다. 이때 잘 모르는 어른이 도움을 청하면 엄마나 다른 어른에게 부탁해야 한다는 것을 꼭 알려준다. 아이의 착한 마음을 이용하는 나쁜 사람도 있기 때문이다. 아이에게 누구에게나 착하고 좋은 사람이 되지 않아도 괜찮다는 것을 알려준다.

"네가 모르는 어른이 도와달라고 하면 다른 어른이나 엄마를 불러오겠다고 말해. 잘 모르는 사람이 너에게 도움받을 일은 없어. 어른은 다른 어른이 도와주면 되거든. 네가 학교에서 친구를 도와주는 것, 집에서 엄마, 아빠, 동생(오빠)을 도와주는 것으로 충분해."

"관계를 변화시키는 가장 좋은 방법은 어떤 식으로든 상대방을 판단하거나 바꾸려 하지 말고 상대방을 있는 그대로 온전히 받아들이는 것입니다."

에크하르트 톨레Eckhart Tolle가 쓴 《에크하르트 톨레의 이 순간의 나》에 나오는 글이다. 우리는 내 기준에서 아이의 행동을 본다. 그리고 한 아이의 인격이나 성격에 대해서 부정적으로 평가, 비난, 비판하기 쉽다. 이제 아이가 한 행동을 있는 그대로 받아들이는 것을 연습을 하자.

아이가 다른 사람과 관계를 맺을 때 배려와 기여를 어떻게 표현하면 좋을지 생각한다. 아이가 스스로 판단할 수 있는 기준을 세우는 방법을 알려준다. 내 마음에 들지 않는 아이의 행동이어도 강점일 수 있다. 타고난 것을 바꾸려고 하기보다는 아이가 스스로 판단하고 행동할 수 있도록 가치관과 기준을 알려주자. 아이는 자기답게 사는 법을 배우고 있다.

"네 일을 끝내는 게 먼저야. 그 뒤에 도와줘도 괜찮아.
친구도 스스로 해보고 배우는 시간이 필요해."

아이와 친구를 언제 도와주면 좋을지 기준을 세워본다. 친구의 겉으로 보이는 모습만 보고 내가 알아서 판단하고 도와주는 것은 배려가 아니다. 진정한 배려는 나와 상대방 모두에게 도움이 된다. 그래야 자기만의 기준을 세우고 행동하는 힘이 생긴다.

"나를 먼저 챙기는 건 이기적인 게 아니야."

아이를 키우다 보면 내 시간과 정성을 모두 아이를 위해서 쏟을 때가 있다. 나는 없고 온통 생활이 아이를 중심으로 돌아간다. 그러다 보면 아이가 자랄수록 엄마의 존재는 희미해질 수 있다. 엄마 역시 자신을 먼저 챙기는 것을 연습할 필요가 있다. 나만을 위한 시간을 내고 내 몸과 마음을 토닥여주자. 그건 결코 이기적인 게 아니다. 엄마의 몸과 마음이 건강해야 아이에게 좋은 기운을 계속 줄 수 있다.

"너는 왜 인사를 안 하니?"
- 어른에게 인사하는 것을 쑥스러워하는 아이

"안녕하세요."

둘째 아이와 집에 가는 길에 우리 아파트 같은 동에 사는 이웃을 만났다. 그분이 먼저 아이를 보며 반갑게 인사를 하셨다. 나도 그분을 보고 바로 웃으며 인사했다. 아이는 내 바지를 잡고 뒤쪽에서 쭈뼛쭈뼛 서 있었다. 이런 적이 벌써 여러 번이었다. 아이가 그분을 처음 보는 게 아닌데도 인사를 하지 못했다. 어른이 인사를 하면 같이 인사를 하는 거라고 이미 이야기를 해주었다. 아이가 끄덕이는 모습을 보니 내 말을 충분히 이해하는 것 같았다. 다음에는 좀 나을까 기대했지만 아이는 그다음에도 인사를 하지 않았다.

이런 일이 생기면 아이에게 예절교육을 제대로 시키지 못한 것 같다. 어쩌다 만나는 사람은 그나마 낫다. 친척 집에 가거나 잘 아는 분을 만날 때에 아이가 인사를 하지 않으면 난감하다. 인사에 대해서 여러 번 아이에게 말해주어도 아이의 변화는 더디기만 하다.

나이 든 어른 중에는 인사하는 것을 인성의 기본으로 판단하는 분들이 있다. 그만큼 인사는 예의와 가깝게 연결되어 있다. 어떤 아이들은 인사를 참 잘한다. 어른들을 보고 씩씩하게 인사를 하는 아이를 보면 저절로 칭찬이 나온다. 예의 바른 아이, 인사를 잘하는 아이일수록 어른들이 있는 곳에서 환영받는다.

인사는 아이가 평생 지켜야 할 예의이기도 하다. 그럴수록 아이의 성격이나 인격과 연결 짓지 말고 아이가 꾸준하게 연습하도록 도와주자. 아이가 자라면서 인사를 자연스럽게 할 수 있도록 어떻게 말해주면 좋을까?

1. 엄마의 마음

우리 집 아이는 인사를 하기는커녕 그 자리에서 입을 다물고 몸은 얼음이 된다. 아이가 그런 모습을 보이면 '내가 아이를 잘 가르치지 못해서 이러나.' 하는 생각이 든다. 아이에게 인사를 잘 가르쳐야겠다고 다짐하고 길을 가다가 아는 어른이 보이면 손으로 아이의 머리를 누르며 인사하라고 강요한다. 아이가 인사를 잘하지 못하면 만난 사람에게 이유를 설명하며 인격이나 성격 탓을 한다. 아이는 엄마가 하는 말을 옆에서 다 듣고 있다. 그런 말을 여러 번 들을수록 스스로 인사를 잘 하지 못하는 사람이라고 여길 수 있다.

> "뭐 하고 있어? 얼른 인사해야지." 명령
> "어른을 보면 가만히 있는 게 아니라 공손하게 인사하는 거야." 충고
> "너는 왜 인사를 안 하니? 엄마가 인사하는 거라고 알려줬잖아." 비난
> "우리 애가 쑥스러움이 많아서요. 제가 인사하라고 그렇게 말해주는데도요. 인사만 하라고 하면 애가 이런다니까요." 아이의 성격 탓으로 돌리기

2. 아이의 마음

인사를 하려면 괜스레 쑥스럽다. 목소리가 잘 나오지 않는다. 인사를 왜 해야 하는지 모르겠다. 엄마가 했으면 된 거 아닌가. 내가 인사를 하지 않는 것에 대해서 엄마가 다른 사람에게 설명하지 않으면 좋겠다. 그냥 지나가면 되는 걸 꼭 말한다. 부끄럽다. 그냥 안 하는 건데. 엄마는 내 마음을 모른다.

3. 인사를 쑥스러워하는 아이가 타인과 관계를 맺는 말

1) 엄마가 가진 인사에 대한 굳은 생각을 살펴본다

'아이가 인사를 안 하면 버릇없이 보인다.'

'아이가 인사를 안 하면 엄마가 아이를 제대로 가르치지 못한 사람이 된다.'

'아이가 예의가 없으면 내가 창피하다.'

이런 생각을 하는가? 엄마가 인사를 잘해야 한다고 생각할수록 아이에게 명령하고 강요하기 쉽다. 엄마의 걱정, 불안한 마음이 아이에게 '해야 한다'로 바뀐다. 아이가 제대로 하지 않았을 때 아이의 행동을 지적하고 화를 내고 있는가? 내가 가진 생각과 기준이 어떤지를 먼저 살펴본다.

2) 아이의 마음을 물어보고 인정한다

아이는 어릴수록 잘 모르는 사람을 경계한다. 엄마가 인사하자고 말해도 엄마 다리 뒤에 숨는다. 어릴 때부터 큰 목소리로 인사를 잘하는 아이도 있지만, 말하는 것을 어려워하는 아이도 있다. 인사를 어려워하는 아이에게 마음이 어떤지 물어본다. 아이가 하는 말을 따라 하면서 인정한다.

> "어른에게 인사하려고 하면 마음이 어때?"
>
> "쑥스럽구나."
>
> "안 하고 싶구나."

3) 인사를 해야 하는 대상과 방법을 알려준다

아이에게 왜 인사를 하는 건지, 인사를 할 때는 어떤 모습으로 해야 하는지를 설명한다. 아이가 인사해야 하는 대상을 구분해준다. 아이의 타고난 특징인 목소리의 크기는 언급하지 않는다. 목소리가 작은 아이는 목소리를 크게 내는 것만으로도 힘들어할 수 있다. 인사를 아이의 성격, 엄마의 걱정과 연결하지 않는다. 아이가 해야 하는 행동에 대해서만 친절하게 알려준다.

> "우리가 알고 있는 어른이나 처음 만나게 되는 어른에게는 인사를 먼저 하는 거야. 인사로 만나서 반갑다는 마음을 전하는 거지."
> "너보다 어른에게 인사를 할 때는 고개와 허리를 숙이면서 '안녕하세요' 하는 거야."
> "다른 사람이 너에게 인사를 하면 너도 인사로 대답하는 거야. 누가 너에게 인사를 했는데 네가 반응을 안 하면 무시당하는 기분이 들 수 있어. 인사하며 서로를 존중하는 거지."
> "말이 잘 나오지 않을 때는 고개를 숙이거나 손을 흔드는 것도 괜찮아."

4) 엄마가 먼저 인사하는 모습을 보여준다

아이는 엄마의 모습을 보고 배운다. 말뿐만 아니라 행동도 따라 한다. 아이들은 어릴수록 따라쟁이다. 백 마디 잔소리보다 행동을 보여주는 것이 더 교육에 도움이 된다. 아이는 엄마의 인사하는 태도를 보면서 인사는 어떻게 해야 하는 건지를 경험으로 알게 된다.

5) 친척 집에 갈 때는 가기 전에 인사하는 것을 미리 이야기 나눈다

인사를 중요하게 생각하는 어른 중에는 인사를 하지 않으면 아이를 혼내거나 아이가 왜 인사를 하지 않냐며 엄마를 나무라시는 분들도 있다. 그런 경우에는 아이에게 미리 설명한다. 아이가 잘 이해했는지 물어본다. 인사를 어려워하는 아이에게 인사를 편안하게 하는 방법에 대해 이야기를 나눈다.

> "할머니 댁에 가면 어른들을 보고 가장 먼저 인사를 하는 거야. 어른들은 아이가 인사하는 것을 보며 더 반갑고 기뻐하시거든. 어른들을 보면 인사부터 하는 게 예의야. 할머니 댁에 가면 뭐부터 하는 거라고?"
> "인사하기 쑥스러우면 엄마랑 같이 손잡고 할까?"

6) 인사한 아이에게 인정하는 말과 격려를 해준다

아이가 작은 목소리로 했을지라도, 고개를 작게 숙였을지라도, 쭈뼛쭈뼛했더라도 아이가 한 행동을 인사로 인정한다. 아이에게 격려하는 말을 한다. 인사한 뒤에는 아이의 머리 쓰다듬기, 등 토닥이기, 안아주기와 같은 스킨십으로 표현한다.

> "인사하는 것을 잘 기억하고 있구나. 쑥스럽지 않았어? 대견해."
>
> "엄마는 네가 어른들께 인사하는 걸 보니 기뻐."
>
> "목소리가 작아도 괜찮아. 충분해."
>
> "우와, 오늘 더 인사를 멋지게 했네."

"젊은이들은 앞으로 어떻게 성장하고 어떤 발전을 보여줄지
정해져 있지 않다. 그들에게는 그 무엇보다 소중한 것, 가능성
이 있다."

《논어의 말》에 나오는 글이다. 아이들에게는 무궁무진한 가능
성이 있다. 지금 아이가 보여주는 모습이 앞날을 설명하지 않는
다. 아이들은 계속 바뀐다.

지금 우리 아이의 모습을 있는 그대로 받아들이자. 아이가 알
맞은 행동을 하나씩 배우고 연습할 수 있도록 도와준다. 이때 아
이에게 해주는 엄마의 말이 중요하다. 나날이 발전할 아이를 격
려하자. 우리 아이는 평생 가지고 살게 될 인사 예절을 익히는 중
이다.

"다른 사랑이 너에게 인사를 하면 너도 인사로 대답하는 거야.
누가 너에게 인사를 했는데 네가 반응을 안 하면 무시당하는
기분이 들 수 있어. 인사하며 서로를 존중하는 거지."

아이에게 무조건 인사를 하라고 강요, 명령하기보다는 인사를 해야 하는 이유를 친절하게 설명한다. 그런 뒤에는 아이의 성향에 맞게 인사하는 방법을 알려준다. 무엇보다 중요한 건 엄마의 인사하는 태도다. 아이는 늘 엄마를 보고 배우고 있다는 것을 기억하며 엄마부터 다른 사람에게 밝게 인사하는 모습을 보여주자.

"아이의 행동에 대해 또는
나에 대한 기준이 너무 높은 것 아닌가?"

로마 황제 마르쿠스 아우렐리우스 황제가 쓴 《명상록》에 보면 나를 힘들게 하는 사람은 바로 '나'라는 표현이 나온다. 바로 내가 하는 생각이 나를 힘들게 한다. 그 생각은 내가 가진 기준과 연결된다. 어떤 행동에 대한 내가 세운 기준이 높을수록 나 자신이나 아이를 비난하고 나무라기 쉽다. '예의 바르다', '공손하다' 같은 표현은 애매모호하다. 저마다 다른 수준으로 행동을 판단한다. 인사 외에 예절과 관련해서 눈에 보이는 행동의 기준을 세워보자. 목표가 단순하고 낮을수록 해내기 쉽다.

"그렇게 싸울 거면 같이 놀지 마!"

- 형제, 자매와 자주 싸우는 아이

두 아이를 키우는 우리 집은 조용한 날이 별로 없다. 아이들의 싸우는 소리를 듣다 보면 귀가 아프고 아무도 없는 평화로운 곳에서 나 홀로 있고 싶다. 제발 둘이 하루라도 싸우지 않고 사이좋게 노는 날은 없는 걸까. 물론 둘이 같이 노는 모습을 보면 뿌듯한 날도 있지만 그건 아주 잠깐이다. 같이 놀다가 다투는 날이 더 많다. 사이좋게 놀면 좋으련만 그건 불가능한 일인 것 같다. 아이들의 싸움이 계속되면 엄마가 중재에 나선다. 다툼을 막아버린다.

"그렇게 싸울 거면 같이 놀지 마."

"떨어져. 서로 싸우는 거 아니야."

"사이좋게 놀라고."

형제, 자매, 남매라고 할지라도 서로 다른 인격체다. 아이들이 어릴수록 자기중심적이다. 다른 사람보다 내가 더 중요하다. 엄마의 사랑도 내가 더 많이 받고 싶다. 나만 사랑을 독차지하면 좋겠다.

"엄마는 내가 좋아? 동생이 좋아?"

아이들은 확인하는 질문도 자주 한다. 첫째에게 동생은 그동안 자기만 독차지하던 엄마의 사랑을 뺏어간 존재다. 둘째는 첫째가 더 많이 대우받는 것 같아서 싫다. 엄마의 사랑, 집에 있는 물건, 장난감까지 나누는 상황이 힘들다. 내가 먼저 하고 싶은데 기다려야 할 때가 있다. 형제, 자매끼리 늘 사이좋게 지내기는 어렵다.

아이는 싸우면서 자란다고 하지만 싸움이 계속되면 엄마는 피곤하다. 날마다 다투는 소리를 아무렇지 않게 듣기는 어렵다. 아이들은 엄마의 태도에 대해서도 불만이 많다. 엄마가 나한테 잘못했다고 말하면 억울함이 커진다.

아이들의 싸움은 늘 일어날 수 있는 일이다. 이를 통해 아이들이 서로 소통하는 법을 배우고 있다고 생각하자.

1. 엄마의 마음

한 명은 외로울 것 같은데 둘이 있으면 같이 잘 놀 것이라는 생각이 든다. 아이들이 노느라고 엄마를 덜 찾으면 엄마에게 쉬는 시간도 생긴다. 그런데 웬걸. 둘이 있으니 싸우는 건 일상이다. 무슨 일이 생기면 둘다 엄마를 부르고 서로를 탓하는 말을 늘어놓는다. 아이들의 싸우는 소리만 들어도 속에서 짜증이 올라온다. 그만 좀 다투면 좋겠다는 마음에 아이들에게 명령하고 제지하는 말부터 나온다. 마음이 바쁘고 피곤한 날은 아이에게 상황을 듣기보다는 내 판단으로 싸움을 중재한다. 아이들은 아직 미숙하니까 내가 해결해 주는 게 더 낫다고 생각한다.

"싸우지 말라고. 따로 놀아." 명령
"왜 이렇게 싸우니. 사이 좋게 놀라니까." 충고
"빨리 사과해. 동생을 때렸으면 미안하다고 해야지." 명령
"오빠가 먼저 할 수도 있지. 네가 잘못했네." 비난

2. 아이의 마음

엄마는 공정하지 않다. 내가 볼 때 분명 동생(오빠)이 잘못했는데 나에게 뭐라고 한다. 억울하다. 엄마는 내 말을 끝까지 듣지 않고 혼낸다. 내가 잘못한 것도 없는데 사과하기 싫다. 나도 잘하려고 한 건데. 엄마는 내 마음을 모른다. 내 말을 믿어주지도 않는다. 나보다 동생(오빠)을 더 예뻐하는 게 분명하다. 동생(오빠)이 밉다. 엄마가 나만 사랑해주면 좋겠다.

3. 자주 싸우는 형제, 자매의 소통을 돕는 말

1) 아이는 다른 사람과 소통하는 법을 배우고 있다고 생각한다

아이마다 생각이 서로 다르기에 갈등이 생기고 의견 차이가 있는 것은 당연하다. 평소에 '아이들은 싸우면 안 된다, 싸움은 나쁜 것이다, 아이들은 사이가 좋아야 한다'는 신념을 가지고 있으면 아이들이 싸우는 소리를 자연스럽게 받아들이지 못하게 된다. 이러면 안 된다는 생각에 엄마가 아이들의 다툼을 억누르게 된다. 두 아이의 싸우는 소리만 들어도 짜증부터 난다.

내 생각을 먼저 살펴보고 상황을 바라보자. 아이는 싸우면서 소통하는 법을 배우고 있다. 자기의 주장을 하면서 서로 타협하고 협력하는 태도를 기를 수 있다. 서로에 대해서 느끼는 질투, 엄마의 사랑을 독차지하고 싶은 욕심을 조절하는 힘도 생긴다.

2) 아이의 감정을 이해하고 그럴 수 있다고 말한다

계속 목소리가 커지면서 다툼이 길어지면 아이를 각자 부른다. 아이가 하는 말에 맞장구를 치거나 메아리 기법을 사용한다. 그러면서 아이가 하고 싶은 말을 충분히 할 수 있도록 집중해서 들어준다. 상황을 다 듣기 전까지 단정 짓지 않는다. 아이는 억울하다는 마음이 들수록 더 공격적으로 변한다. 누군가 억울함을 알아줄 때 아이의 마음이 누그러진다. 그래야 아이는 더 나은 해결 방법을 생각하는 것이 가능하다. 아이의 긍정적인 의도를 알아주면 억울한 마음이 누그러진다. 아이는 처음부터 싸울 생각으로 놀지 않는다.

"오빠가 때렸다고? 그리고?"

"그래서 너도 속상했구나."

"맞아, 그러면 기분이 나쁘지."

"네가 그럴 수밖에 없는 이유가 있을 거야."

"잘 놀고 싶었는데 그게 안 되었구나."

"동생을 도와주려고 했는데 잘 되었구나."

3) 아이들끼리 문제를 해결하는 기회로 만든다

엄마가 아이의 사정을 있는 그대로 들어주는 것만으로도 감정이 누그러진다. 만약 그 뒤로도 아이의 감정이 가라앉지 않으면 다툼이 계속 이어질 수 있다. 이런 때는 아이들을 한자리에 모은다. 아이들이 각자의 이야기를 하도록 돕는다.

"한 사람씩 말해보자. 다른 사람이 말할 때는 끝까지 다 듣는 게 규칙이야. 중간에 끼어들면 안 돼."

"어떻게 해결하면 좋을까? 너희 둘이 상의해볼래? 아니면 엄마와 같이 방법을 찾아볼까?"

4) 신체적으로 난폭하게 싸우는 경우는 엄마가 중재한다

"같이 놀다 보면 화가 날 수 있어. 그래도 때리는 건 안 돼."

아이들이 때리며 싸우는 것은 바로 중재하고 몸싸움하는 건 안 된다는 것을 알려준다.

5) 자기만 특별하게 생각하기를 원하는 아이의 마음을 채워준다

아이는 엄마가 동생(오빠)을 더 예뻐한다고 생각할 수 있다. 엄마가
아이들을 똑같이 사랑하고 공평하게 대하려고 할수록 힘들어진다. 공
평한 사랑은 불가능하기 때문이다. 모든 아이는 엄마가 자신을 특별하
게 여겨주기를 원한다. 이때는 아이와 한 명씩 시간을 따로 보내면서
아이에게 말해준다. 아이가 엄마의 관심, 사랑을 독차지하고 싶다는 욕
심, 질투, 미워하는 마음을 알아준다.

> "이건 둘만의 비밀인데 엄마는 네가 제일 소중해."
> "엄마에게는 네가 제일 특별해."
> "엄마가 사랑 하나를 나눠서 너에게 주는 게 아니야. 엄마 마음에는 하민
> 이에 대한 사랑, 지민이에 대한 사랑이 따로 있거든."
> "동생이 귀찮고 미울 때 있지 않아? 엄마는 동생이 싫을 때가 있었거든."

"싸워야 할 때와 싸우지 말아야 할 때는 아는 자는 승리한다."

《손자병법》에서 나온 말이다. 전쟁에서 승리를 미리 아는 다섯
가지 조건 중의 하나다. 언제 싸우고 싸우지 말아야 하는지를 아
는 것은 전쟁에서 중요한 덕목이다. 육아에서도 마찬가지다. 아

이와 싸워야 할 때가 언제인지를 아는 게 중요하다. 아이들이 싸울 때는 엄마가 아이와 다투는 시간이 아니다. 아이는 다른 사람과 건강하게 관계하는 법을 알아가는 중이다. 엄마는 아이의 말을 들어주면서 아이가 사랑받고 있다고 느낄 수 있도록 말해주자. 아이의 마음에 사랑이 채워질수록 다른 사람과 건강하게 관계를 만들 수 있다. 그러기 위해서 싸움에 대한 엄마의 마인드를 잘 세우는 것이 중요하다.

아이의 마음을 채우는 한 마디

"엄마가 사랑 하나를 나눠서 너에게 주는 게 아니야.
엄마 마음에는 하민이에 대한 사랑,
지민이에 대한 사랑이 따로 있거든."

아이에게 공평한 사랑을 주려고 할수록 더 어려워진다. 아이를 한 명씩 따로 만나 사랑을 표현해주는 특별한 시간을 갖는 게 필요하다. 아이들이 다툴 때는 한 명씩 이야기를 들어주자. 엄마까지 아이들 다툼에 휘말리지 않도록 주의한다. 아이는 엄마가 자기의 말을 귀 기울여 잘 들어주고 마음을 알아줄 때 사랑받는다고 느낀다.

"오늘은 아이와 함께 성장하기에 제일 좋은 날이야."

어떤 상황이 벌어지든 내가 배울 것, 연습할 것이 무엇인지로 바라볼 수 있다. 아이는 싸우면서 다른 사람과 관계하는 법을 배우고 있다. 나 역시 아이와 말로 잘 싸우는 법을 연습하고 있다. 서로 생각이 다르기에 다툼은 언제든 일어날 수 있다. 이런 경험이 아이와 나를 건강하게 성장하도록 도와준다. 오늘은 아이와 함께 배우기에 좋은 날이다.

"양보해야 착한 아이지"

- 자기 것을 나눠주기 싫어 하는 아이

"이거 내 거야. 만지지 마."

아이가 어릴수록 같은 공간에 있어도 각자 논다. 자기의 관심에 따라서 행동한다. 소유의 개념이 생기면서 자기의 것을 다른 사람이 만지는 것도 싫어하고 친구가 함부로 만지면 울기도 한다. 물건을 나누는 것은 형제, 자매 사이에서도 문제가 된다. 대체로 동생은 첫째의 물건을 허락도 없이 만지거나 열심히 만든 것을 망가뜨린다. 어른들은 주로 동생은 어리니까, 첫째가 무조건 받아주고 이해해야 한다고 설명한다. 그럴수록 첫째는 동생이 밉고 싫어진다.

"동생은 아직 잘 모르잖아. 그것 좀 가지고 놀다가 망가질 수 있지. 네가 이해해."

다른 사람과 자기의 물건을 나누는 것은 뇌 발달과 관련이 있다. 4살 이전 아이의 뇌는 타인을 공감하고 연민하는 법을 모른다. 4살부터 다른 사람들 입장을 공감하고 도움이 되는 행동을 할수 있다. 아이의 사회성, 도덕성은 전전두엽의 발달과 관련있어서 아이의 전전두엽이 발달하면서 다른 사람들 처지를 생각하고 도움이 되는 행동이 가능해진다. 7살 정도가 되면 아이 스스로 다른 사람과 나누고 싶다는 마음, 타인에게 진정으로 감사하는 마음을 갖는다.

양보는 다음 문제다. 아이가 다른 사람에게 양보하고 배려하는 것은 뇌 발달과 관련이 있어서 시간이 걸린다. 한 번, 두 번 한다고 금방 익힐 수 없다. 엄마는 아이의 발달을 이해하면서 여유로운 마음으로 아이가 양보를 연습할 수 있도록 도와주자. 자기의 것을 나누기 싫어하는 아이가 다른 사람과 건강하게 관계를 맺을수 있도록 도와주려면 어떻게 해야 할까?

1. 엄마의 마음

아이가 타인과 나누며 사는 것을 배우면 좋겠다. 자기 것만 계속 고집하는 사람은 이기적으로 보인다. 이기적인 어른은 사회에서도 환영받지 못하니까 아이에게 다른 사람과 나눌 줄 아는 배려 있는 행동을 가르치고 싶다. 이런 생각이 강할수록 아이에게 양보를 강요하기 쉽다. 처음에는 아이가 타인과 물건을 잘 나누기를 바라는 마음에서 시작한다. 아이는 자기 것을 나눠주기 싫어한다. 아이의 행동이 엄마의 눈에 거슬리고 저러다가 이기적인 아이로 자랄까 걱정스럽다. 아이가 엄마의 말을 따르지 않으면 '착하지 않다, 이기적이다'라며 아이의 인격까지 비난한다.

> "친구가 이거 놀고 싶대. 네가 양보하자." 명령
> "양보해야 착한 아이지. 혼자서만 갖고 놀면 안 되는 거야." 판단
> "친구가 조금 있으면 가니까 그동안 놀라고 하자. 너는 그 뒤에 놀아도 되잖아." 조언
> "왜 이렇게 이기적이야? 친구가 그것 좀 가지고 놀고 싶다는데, 양보도 못 하니?" 비난

2. 아이의 마음

다른 사람이 내 물건을 함부로 만지는 건 싫다. 내가 좋아하는 것은 나만 가지고 놀고 싶다. 그런데 엄마가 나한테 무조건 양보하라고 하면 기분 나쁘다. 자꾸 양보해야 착한 아이라며 강요하면 나는 나쁜 아이가 되는 것 같다. 마음이 불편하다. 내 장난감으로 재미있게 놀고 싶은 것뿐인데 엄마는 그런 내 마음을 몰라준다. 엄마는 나보다 다른 사람을 중요하게 생각하는 것 같다.

3. 자기 것을 나눠주기 싫어하는 아이에게 해주는 말

1) 엄마가 가진 '착하다'와 '이기적이다'는 생각을 살펴본다

우리는 내 것을 타인에게 나눠주는 행동을 착하다고 생각한다. 나누는 것은 착한 것, 자기의 것만 고집하면 이기적이라고 생각할수록 아이에게 착한 행동을 강요할 수 있다. 엄마가 '착하다'와 '이기적이다'를 흑과 백, 좋은 것과 나쁜 것으로 나누고 있지는 않은가? 아이가 어떤 행동을 할 때 착하다고 하는지 살펴보자. 내가 가지고 있는 강한 신념을 알수 있다.

> "양보해야 착한 아이야."
> "양보하지 않으면 이기적인 아이야."
> "너는 착한 아이잖아."

2) 아이의 뇌 발달을 이해한다

아이가 네 살부터 타인의 입장을 공감하고 도움이 되는 행동을 조금씩 할 수 있다. 4~6살까지 다른 사람에게 인정받고 싶은 욕구를 가진 편도체와 우선순위를 정하고 상황에 맞게 조절하는 전전두엽이 함께 발달한다. 자기 것을 나누려면 내 것과 다른 사람의 것을 구별하는 게 먼저다.

우리 아이의 뇌가 계속 발달하고 있다는 것을 이해하고 아이의 행동을 있는 그대로 받아들인다. 아이의 행동을 배움과 성장에 초점을 맞춰 바라본다.

> "우리 아이는 다른 사람과 함께 사는 법을 계속 배우고 있구나."
> "아이가 양보하려면 아이의 뇌도 준비가 필요하구나."

3) 아이의 물건에 대한 소유를 인정한다

아이가 모든 물건을 나누기 싫어하는 건 아니다. 아이가 소중하게 여기는 것일수록 다른 사람이 허락 없이 만지는 것을 꺼린다. 아이가 어릴수록 아이의 소유를 먼저 인정해주는 게 좋다. 내 것을 타인에게 존중받아야 아이도 타인의 물건을 존중할 수 있다. 소유를 명확하게 해준 뒤에 타인과 나눌지는 아이가 결정하게 한다. 또래가 놀러 왔다고 해도 아이의 물건을 함부로 쓸 수 있는 건 아니다. 물건의 주인인 아이의 허락을 받아야 한다. 다른 사람이 갖고 싶다고 해서 나누라고 하면 강요받는 것 같아서 하고 싶지 않을테니 친구가 집에 올 때는 미리 아이와 이야기를 나눈다.

> "친구가 우리 집에 올 거야. 친구는 네 장난감을 같이 가지고 놀게 될 거야. 너는 어떤 장난감을 친구가 만지면 싫어? 친구랑 같이 가지고 노는 게 싫은 건 따로 빼놓자."

4) 아이가 다른 사람의 욕구를 알 수 있도록 질문한다

그동안 별로 갖고 놀지 않았던 장난감도 친구가 재미있게 가지고 노는 것을 보면 좋아 보인다. 아이는 갑자기 친구가 자기 것을 가지고 노는 게 마음에 들지 않을 수도 있다. 나만 갖고 놀고 싶은 마음이 커지기도 한다. "이거 내 거야. 너는 갖고 놀지 마."라며 친구를 막거나 가지고 노는 것을 빼앗을 수 있다. 이런 때에는 아이가 타인의 욕구를 생각할 수 있도록 묻는다. 친구도 욕구가 있다는 것을 배우는 기회가 된다.

> "친구가 이거 가지고 놀고 싶다는데, 너는 어떻게 하고 싶어?"

5) 아이의 결정을 존중하고 양보한 아이의 행동을 격려한다

"이건 친구가 갖고 놀지 않으면 좋겠어? 그렇구나. 다음에는 같이 노는 것도 한번 생각해 봐. 친구도 너처럼 이 장난감을 갖고 놀고 싶어 하니까."

아이가 양보하고 싶어 하지 않는 물건은 인정해 준다. 아이가 양보를 결정했을 때는 격려하고 엄마의 기분이 어떤지도 말해준다. 아이는 엄마가 어떻게 느끼는지도 알 수 있다. 이것은 아이가 타인의 감정을 이해하고 공감하는 것을 배우는 기회다. 아이는 네 살부터 타인에게 인정받고 싶은 마음이 점점 커진다. 자기의 행동으로 다른 사람이 기쁠 수 있다는 것도 이해한다. 아이가 양보할 때 엄마가 기쁘다고 격려해 주자.

> "우와, 다른 사람과 나누는 건 어려운 일인데. 멋지다."
>
> "친구에게 장난감을 양보했구나. 엄마는 기뻐."
>
> "동생에게 네 것을 갖고 놀게 양보하는 건 그건 쉽지 않아. 고마워."

"많이 듣고 그 가운데 좋은 것을 선택하여 따르고, 많이 보고 그것을 마음에 새기면, 이것이 아는 것에 버금가는 일이다."

《논어》에 나온 글이다. 아이는 자라면서 많은 것을 듣고 좋은 것을 선택하는 것을 반복한다. 타인과 물건을 나누는 것, 양보하는 것은 아이가 자랄수록 더 잘 알게 되고 스스로 할 수 있는 일이다. 그러기 위해서는 배우는 시간이 필요하다. 아이는 엄마가 하는 말과 행동을 보고 마음에 새긴다. 아이가 좋은 것을 선택하고 따르도록 엄마가 좋은 모델이 되어주면 어떨까?

아이의 마음을 채우는 한 마디

"우리 아이는 다른 사람과 함께 사는 법을 계속 배우고 있구나."

양보하는 것은 아이의 두뇌 발달과도 연결되어 있다. 아직 준비되어 있지 않은 아이의 행동을 보고 아이의 인격이나 성격을 평가하는 말을 하지 않도록 주의하자. 아이는 다른 사람과 사이좋게 관계하는 방법을 엄마의 말과 행동으로 배우고 있다. 아이의 발달을 이해하며 양보와 배려를 연습할 수 있도록 도와주자.

엄마의 마음 돌보기

"나는 그동안 가족만 챙기고 다른 사람에게 양보하느라 나에게 소홀하지 않았나?"

양보하는 것이 착한 것, 다른 사람을 위해 시간과 돈을 쓰면서 너무 좋은 사람이 되려고 하지 않았는지를 생각해 본다. 엄마가 되면 아이, 남편, 가정을 위해서 쓰는 시간이 늘어난다. 상대적으로 나를 챙기는 일은 소홀해진다. 하루 중 나를 먼저 생각하는 시간을 만든다. 엄마가 행복하고 기분이 좋을 때 아이에게도 좋은 것을 줄 수 있다.

"대체 뭐가 문제인 건데"

- 화나서 함부로 말하는 아이

"엄마 나빠! 엄마 미워!"

아침부터 둘째 아이가 짜증을 내기 시작했다. 바쁜 아침이라 내가 토스터에 빵을 넣었다. 아이는 자기가 넣고 싶었는데 엄마가 했다고 화를 냈다.

"그러면 네가 새로 넣을래?"

아이는 내 말에 수긍하고 빵을 토스터에 넣었다. 하지만 아이의 짜증은 그게 끝이 아니었다. 빵에 잼이 잘 발라지지 않는다고 징징거렸다. 조금 뒤에 아이가 해달라고 하길래 잼을 바르고 빵을 포개 주었다. 그 다음 아이가 평소 먹던 대로 세모 모양으로 식빵을 자르자 아이가 잘린 빵을 보더니 크게 울기 시작했다.

"오늘은 안 잘라 먹을 거였다고요. 엄마 나빠! 엄마 미워!!"

아이에게 빵 하나 먹이는 일이 왜 이렇게 산 넘어 산이란 말인가. 아침부터 아이의 짜증을 계속 듣다 보니 속이 부글거렸다. 거기에 "엄마 나빠, 미워"라는 말을 여러 번 들으니, 기분이 좋지 않았다.

아이는 자기가 원하는 대로 되지 않으면 엄마에게 "나빠, 싫어, 미워"를 말한다. 자기가 생각한 대로 안 되는 건 모두 엄마 탓으로 돌린다. 엄마도 사람인지라 아이의 말에 상처받는다. '아이가 아직 어리니까. 좀 더 크면 나아지겠지.'라는 마음으로 아이가 하는 말을 이해하고 헤아려 주려고 한다. 하지만 아무렇지도 않게 받아들기는 어렵다.

이때 생각하면 좋은 것은 아이의 욕구다. 아이는 어릴수록 자기의 욕구를 여과 없이 표현한다. 자기의 욕구가 당장 채워지는 것을 중요하게 여긴다. 그걸 막는 사람을 탓하고 공격한다. 아이가 엄마에게 함부로 말할 때는 엄마가 아이의 욕구를 알아주는 말로 바꾸면 된다. 아이가 감정적으로 공격하는 말 대신에 좌절된 욕구를 표현할 수 있도록 도와주는 것이다.

1. 엄마의 마음

아이는 어떤 감정이든 느낄 수 있고 표현할 수 있다. 마음을 꼭꼭 숨기는 것보다 표현하는 게 더 낫다는 것을 머리로는 알고 있다. 그런데 막상 아이가 나에게 감정을 격하게 드러내면 받아주는 게 쉽지 않다. 격한 말에 숨겨진 아이의 마음을 알아채기 어려워 아이에게 공격받았다고 생각하면 엄마 역시 맞받아친다. 다섯 살 어린애가 되어 아이와 말싸움을 한다. 아이가 한 말에 맞대응, 무시하는 말을 하거나 더 격하게 화를 낸다.

> "그게 무슨 말버릇이니? 엄마한테 함부로 말하는 거 아니야." 충고
> "그래? 나도 너 싫어. 너 미워." 비난으로 맞대응
> "대체 뭐가 문제인 건데. 진짜 가지가지 한다." 무시

2. 아이의 마음

지금 느끼는 마음을 말로 잘 표현하기 어렵다. 엄마가 좋지만 내가 하고 싶은 것을 하지 못하게 하면 싫다. 엄마에게 상처를 주려는 건 아니다. 그저 느낌 그대로 말하는 것뿐이다. 지금 이 순간 원하는 대로, 내 욕구를 채우는 게 제일 중요하다.

3. 화나서 함부로 말하는 아이에게 필요한 말

1) 아이의 화가 난 마음을 알아준다

지금 아이가 느끼는 감정을 엄마가 말로 해준다. 아이의 마음을 있는 그대로 알아주는 것이다. 엄마가 감정을 이해해 주는 것만으로도 아

이들은 안정감을 느낀다.

"네가 지금 화가 많이 났나 봐."

2) 아이의 욕구로 바꿔서 표현한다

아이는 자기의 욕구를 채우고자 행동한다. 그 욕구가 바로 채워지지 않으면 그것을 하지 못하게 막는 사람을 공격한다. 대체로 "엄마 나빠", "엄마 미워.", "엄마는 나를 사랑하지 않아.", "엄마는 나를 미워해." 하고 엄마를 비난한다. 엄마는 아이가 자기의 욕구를 알고 표현할 수 있도록 도와준다.

"이걸 하고 싶은데 못해서 그런 거야?"
"무엇을 하고 싶었어?"

화가 나면 뇌에서 아드레날린이 분비된다. 아드레날린은 우리를 초조하게 만들고 쉽게 분노하게 한다. 아드레날린이 과하게 나오면 이성을 잃고 폭주해 버린다. 아드레날린을 조절하는 데에 가장 효과적인 것이 심호흡이다. 화를 누그러뜨리는 데 큰 도움이 된다. 아이에게도 심호흡하는 방법을 알려준다.

① 호흡은 코로 들이마시고 코로 내쉰다.

② 5초간 크게 숨을 들이마시고, 그대로 잠깐 멈추었다가 7초 동안 깊이 숨을 내쉰다.

아이가 화를 내고 있을 때는 엄마가 아이 곁에서 심호흡하는 것을 보여준다. 아이의 격해진 말에 같이 반응하기보다 엄마가 '지금 아이의 욕구가 채워지지 않아서 그러는 거야.'라고 생각하며 마음을 추스른다. 아이가 조금 잠잠해지고 엄마의 말을 들을 수 있게 되면 함께 심호흡을 한다. 아이가 이해할 수 있는 말로 바꿔서 설명한다.

"우리 같이 콧바람 멀리 보내기를 해볼까? 먼저 엄마가 손가락을 다 펼 때까지 숨을 들이마시는 거야."

심호흡이라고 말하면 아이가 알아듣기 어려울 수 있다. 숨을 깊게 들이마시는 것으로 바꿔서 말해준다. 코로 숨 내쉬기는 '콧바람 불기, 바람 멀리 보내기' 등 아이가 이해할 수 있는 재미있는 말로 바꾼다. 아이에게 심호흡을 가르칠 때는 손가락을 활용한다. 숨을 들이마시는 동안 주먹에서 손가락이 다섯 개 모두 펴지는 것을 보여준다.

"이제 코로 바람을 불어 봐."

엄마의 손가락이 다 접힐 때까지 불어보라고 한다.

"우와, 지민이 콧바람으로 손가락이 하나씩 접혔어."

놀이처럼 심호흡하는 방법을 알려주고 함께 연습한다.

4) 아이의 화가 가라앉으면 스킨십으로 아이가 안전하다는 것을 알려준다

아이가 감정을 표현해도 안전하다는 것을 알려준다. 화가 가라앉으면 아이 역시 걱정, 죄책감, 엄마에게 미안한 마음이 들 수 있다. 이때 마음을 편안하게 해주는 것이 스킨십이다. 먼저 아이를 안아주고 다음에는 화가 나면 어떻게 말해야 하는지 알려준다.

> "화가 나면 '나 화났어요' 하고 느낌을 그대로 말하는 거야."
> "화가 나면 어떻게 말해야 한다고?"

5) 엄마도 아이에게 화가 날 때 솔직하게 표현한다

우리도 아이의 행동과 말에 화가 날 수 있다. 아이는 엄마도 다양한 감정을 느낀다는 것을 알아야 한다. 그러기 위해서는 엄마에게 찾아온 화를 참기보다는 솔직하게 감정을 표현하는 게 낫다. 엄마가 감정을 표현하는 것을 듣고 아이가 배운다. 이때 중요한 건 아무리 화가 났다고 해도 아이의 인격이나 성격을 비난하지 않는 것이다. 아이의 어떤 행동이 엄마를 화가 나게 했는지 표현한다. 두 가지로 나눠서 화를 드러낼 수 있다. 첫째는 감정에 이름 붙이기다. 둘째는 아이에게 화가 나는 이유를 말하고 부탁하기다.

(1) 감정에 이름 붙이기

아이에게 엄마가 느끼는 감정을 솔직하게 전한다. 아이에게 엄마가 지금 화가 났다고 말하는 것만으로도 참다가 폭발하는 것을 막을 수 있다. 어떤 때는 엄마의 컨디션에 따라서 더 많이 화가 나기도 한다. 이런 때에는 좀 더 강조해서 말할 수 있다.

> "나는 화가 나."
> "엄마는 기분이 나빠."
> "나는 아주 많이 화났어."
> "엄마는 지금 너무 짜증 나."

(2) 화가 나는 이유를 말하고 부탁하기

아이뿐만 아니라 엄마도 욕구가 계속 무시되거나 채워지지 않을 때 화가 난다. 이때 눈에 보이는 상황, 채워지지 않은 욕구, 상대방에게 원하는 행동을 말로 표현한다. 아이에게 심하게 화를 내고 마음에 상처를 주는 말을 하는 날도 있다. 이때에는 아이에게 미안한 마음을 솔직하게 표현한다. 아이에게 엄마를 도와달라고 요청할 수 있다.

> "옷을 벗어서 세탁기에 넣어달라고 부탁했는데 이렇게 바닥에 널려있는 것을 보면 정말 화가 나. 다음에는 세탁기에 넣어주면 좋겠어."
> "네가 뒤집어서 벗은 양말을 보면 진짜 화가 나. 엄마가 한 부탁을 네가 무

시하는 것 같아서 기분 나빠. 양말을 벗을 때는 똑바로 벗었으면 좋겠어."

"엄마가 너무 화가 나서 격해졌어. 너에게 함부로 말했어. 그 말이 상처가 되었다면 미안해. 엄마도 화났을 때 솔직하게 표현하는 연습을 계속하고 있어. 엄마도 모르게 너에게 상처가 되는 말이 있다면 말해줘. 엄마가 고치려고 노력할게."

"사랑의 손길은 너를 꼭 붙잡고, 너의 현재와 과거와 미래를 잡아준다. 사랑의 손길은 그렇게 너의 온몸을 감싸 안는다."

생텍쥐페리가 쓴 책인 《남방 우편기》에 나오는 문장이다. 감정을 느끼는 건 자연스러운 것이다. 아이는 자라면서 다양한 감정을 느끼고 표현한다. 엄마는 아이의 감정 표현의 롤모델이다. 엄마의 감정 날씨를 아이에게 말해주자. 아이의 말이나 행동으로 엄마도 화가 난다고 구체적으로 설명해 주는 것이다.

아이가 말을 함부로 할 때는 아이의 채워지지 않은 욕구부터 찾는다. 아이의 격해진 감정 아래에 감춰진 욕구에 눈과 귀를 기울인다. 그러면서 아이가 엄마에게 사랑받고 있다고 느낄 수 있게 말, 눈빛, 스킨십으로 아이의 욕구를 알아주고 받아준다.

아이의 마음을 채우는 한 마디

"화가 나면 '나 화났어요.' 하고 감정을 말하는 거야."

화가 나는 것을 말로 표현하면 심하게 폭발하지 않는다. 아이에게 감정을 알려줄 때는 아이를 안아주면 아이가 안정감을 느낀다. 아이가 채워지지 않는 욕구를 표현할 때는 엄마를 탓하는 말이 아니라 자기의 불편한 감정을 말하는 법을 배워야 한다. 어릴수록 엄마가 먼저 아이의 채워지지 않은 욕구를 찾아서 대신 말해주는 데 집중한다. 아이가 안전하게 느끼며 감정을 표현하는 것을 연습할 수 있도록 아이 곁에서 함께해 주자.

엄마의 마음 돌보기

"나는 언제 화가 많이 나지? 격해지지?"

내가 유독 화나는 날에는 감정 일기를 쓰는 것도 유익하다. 화는 내 욕구가 채워지지 않았다는 마음의 소리기 때문이다. 화는 참는 것보다는 드러내며 푸는 것이 좋다. 이때 감정 일기는 나를 객관적으로 바라보고 이해하는 데 도움이 된다. 글로 적으면 내가 반복적으로 화가 나는 상황이 눈에 보인다. 누구도 나를 이해하지 못하는 것 같아도 나는 나를 이해할 수 있다.

감정 일기를 쓸 때 중요한 것은 내 행동을 반성하지 않는 것이다. 반성이란 이름으로 스스로 비난하며 깊은 죄책감, 자책 모드에 빠질 수 있다. 그저 나를 온전히 이해하겠다는 마음으로 여과 없이 글을 쓴다.

6

"너도 먼저 손 들고 말해봐. 어려운 일 아니야"

- 친구들 앞에서 말하기 힘들어하는 내향적인 아이

"엄마 나는 왜 학교에 가면 말이 잘 안 나올까요. 목소리도 작고요."

아이들과 자려고 누워서 이야기를 나눌 때였다. 첫째 아이가 나에게 말했다. 첫째 아이는 목소리가 작은 편이라 집에서 아이와 단 둘이 있을 때도 말을 잘 알아듣지 못할 때가 있다. 시끄러운 학교에서는 오죽할까. 거기에 마스크를 끼고 생활했으니 아이의 목소리는 더 작게 들렸을 것이다. 이런 아이에게 학교에서 하는 발표는 매우 부담스럽다.

내향적인 아이는 다른 사람에게 말을 걸기까지 엄청난 용기가 필요하다. 보통은 말을 하기보다는 듣는 데 집중한다. 같은 반 친구라고 해도 아이에게는 편안한 대상은 아니다. 모든 아이와 친하지 않으니까.

물론 내향형의 아이라고 해서 말이 없는 것은 아니다. 집에서는 첫째 아이가 동생보다 말이 더 많은 편이다. 목소리는 작아도 하고 싶은 말은 꼭 하는 성격이다. 하지만 상대에게 먼저 가서 말을 건네는 것, 친구들 앞에서 발표하는 것은 정말 많은 에너지를 쓰고 있는 것이 보인다.

사람마다 타고나는 성향이 있다. 그래서 외향형과 내향형은 아이가 조절하고 원하는 대로 선택해서 자유롭게 바꿀 수 있는 것이 아니다. 이미 갖고 태어난 아이의 본래 특성일 뿐이다. 《초등 엄마 말의 힘》에서 김선호 초등교육 전문가는 대한민국의 70% 이상 어린이들이 내향형이라고 한다.

학교에서는 외향적인 아이들이 자신감 있고 자존감이 높아 보인다. 실제로는 눈에 보이는 모습만으로 자존감이 높은지 판단할 수 없다. 자존감이 높다는 것은 내 모습이 어떻든 괜찮다고 여기며 받아들이는 것이다. 자존감 높은 아이로 키우기 위해서는 아이의 타고난 성향을 수용하면서 다른 사람과 관계하는 것을 연습할 수 있도록 도와주어야 한다.

1. 엄마의 마음

아이가 자신감 있고 자존감이 높으면 좋겠다. 학교에서는 적극적이고 발표를 잘하는 아이가 자신감이 넘쳐 보인다. 그런 아이들을 선생님도 더 예뻐하는 것 같다. 우리 아이가 학교에서 무시당하지 않고 친구들 앞에서도 당당하게 말할 수 있으면 좋겠다. 나도 학교를 다닐 때 소극적인 성격으로 힘들었는데 우리 아이는 나와 다르면 좋겠다. 그러다 보면 엄마의 걱정, 불안, 희망이 아이의 성향을 고려하기보다는 행동을 요구하게 된다.

> "친구한테 네가 먼저 가서 말 좀 해." 명령
> "너도 손들고 발표하고 그래. 어려운 일 아니잖아." 무시
> "네가 안 해서 그렇지, 하기만 하면 잘할 수 있어. 자꾸 해봐야 자신감도 생겨." 충고
> "그 친구 보니까 말도 잘하던데. 너도 걔처럼 해봐." 비교

2. 아이의 마음

학교에 갈 생각하면 피곤하다. 나도 친구들 앞에서 말할 때 잘하고 싶다. 목소리가 크면 좋겠다. 집에서 엄마한테 말할 때는 어렵지 않고 하고 싶은 말도 술술 나온다. 그런데 막상 친구들 앞에서 말을 해야 하는 상황이 되면 생각처럼 말이 나오지 않는다. 내가 알고 있는 것을 많은 사람 앞에서 말하는 게 어렵다. 학교에서 말을 많이 안 해도 괜찮으

니까 자꾸 나에게 말하라고 시키지 않았으면 좋겠다.

3. 내향적인 아이가 이해하도록 도와주는 말

1) 학교에서 애쓰고 온 아이를 따뜻하게 맞아준다

학교에서 돌아온 아이를 보고 웃으면서 반갑게 맞아준다. 아이를 안 아주고 머리를 쓰다듬거나 등을 토닥여준다. 학교에서 애쓴 아이를 향해 많은 말을 하지 않아도 된다. 아이를 반겨주는 것만으로도 아이의 마음이 편안해진다. 한발 더 나아가 아이가 학교에서 애쓴 것을 알아주는 말을 해주면 더 좋다.

> "오늘도 학교 생활하느라고 힘들었을 텐데. 잘 다녀와 줘서 고마워."
> "오늘도 학교 다녀오느라고 애썼어. 대견해."
> "네가 오늘도 학교를 잘 다녀왔구나. 엄마는 기뻐."

2) 아이가 힘든 것을 말할 때는 집중해서 듣는다

아이에게 학교에서 힘든 것이 있는지 물어본다. 아이가 힘든 것을 이야기할 때는 아이의 눈을 바라본다. 엄마가 아이의 말에 귀를 기울이는 모습을 보여준다. 엄마에게는 지금 아이가 제일 중요하다는 것을 보여준다. 아이가 말할 때 맞장구를 쳐주거나 아이의 말을 따라 한다.

아이의 말이 엄마의 기준으로 볼 때는 별일 아닐 수 있다. 나도 모르게 아이의 말을 무시할 수도 있다. 엄마에게는 사소한 것이라고 해도 아이는 심각하다. 아이가 힘든 것, 고민하는 것을 말할 때는 아이의 마음을 있는 그대로 인정해 준다. 문제라고 여겨지면 도와주고 싶은 마음이 들지만 엄마가 대신 해결하려고 나서지 않는다. 대신 아이의 욕구에 초점을 맞춰서 질문하며 아이에게 엄마의 도움이 필요한지를 묻는다.

"에이, 그 정도 일로 힘들어하니?"
"그까짓 일은 큰일도 아니야."
"뭘 그것 가지고 힘들다고 그래."
"잊어버려. 시간이 지나면 다 해결돼." ☒

"요즘 학교에서 힘든 일 있어?"
"오늘은 발표하거나 말해야 하는 일이 있었어? 힘들진 않았어?"
"그런 일이 있었어? 그리고?"
"그래, 맞아. 하기 어렵지."
"너는 앞으로 어떻게 하고 싶어?"
"엄마가 도와줄 게 있어?"
"엄마의 도움이 필요하면 언제든지 말해. 엄마가 너와 함께해 줄게." ◯

3) 아이에게 다른 사람에게 먼저 말을 걸라고 강요하지 않는다

하루에 아이가 쓸 수 있는 에너지는 한정적이다. 수업 시간에 앉아서 선생님 이야기에 집중하는 것만으로도 많은 힘을 써야 한다. 게다가 친구들 앞에서 발표하는 건 더 많은 에너지가 필요하다.

내향적인 아이에게 타인에게 다가가서 말을 걸고 발표하라고 요구하지 않는다. 아이에게 공감하며 엄마가 내향적이어서 힘들었던 경험을 말해주는 것도 좋다.

> "너도 발표해 봐."
> "친구한테 네가 먼저 다가가서 말 좀 해." ⊠

> "친구에게 네가 먼저 말 걸려면 힘들지 않아? 말을 하는 것도 에너지를 쓰는 일이거든."
> "엄마는 다른 사람 앞에서 말하려고 하면 너무 떨리더라. 그래도 학년이 올라가면서 나아졌어." ⭕

4) 아이와 에너지를 채우는 다양한 방법을 찾아보고 인정한다

사람마다 에너지를 채우는 방법이 다르다. 내향적인 아이는 조용히 혼자서 보내는 시간이 필요하다. 아이가 언제, 무엇을 하면 에너지가 충전되는지 관찰한다. 아이가 쉬거나 멍때리고 있을 때는 편안히 쉬면서 에너지를 채울 수 있도록 배려하자. 책 읽기, 그림 그리기, 멍때리기, 맛있는 간식 먹기, 밖으로 나가기, 편안한 사람과 수다 떨기 같은 몇 가지 활동 리스트를 만들어 두고 집에서는 언제라도 고갈된 에너지 배터리를 채울 수 있게 도와준다.

"당신이 있는 그대로의 나를 사랑할 수 있다면 우리는 더 행복해질 것이다."

랄프 왈도 애머슨Ralph Waldo Emerson은 말했다. 아이마다 타고나는 성향이 있다. 아이가 자기의 성향을 받아들일 수 있도록 엄마가 아이를 있는 그대로 사랑하자. 아이가 어떤 성향이든 저마다 가지고 있는 강점이 다르다. 아이가 자기에게 맞는 방법으로 살아갈 수 있도록 격려하고, 곁에 머물러 줄 수 있다. 오늘 학교에서 하루를 잘 보낸 아이를 향해 환하게 웃어주고 안아주자. 아이가 힘들어하는 이야기를 있는 그대로 들어주며 공감해주자. 그런 엄마의 모습에서 아이는 편안함을 느끼고 에너지를 충전해서 날마다 앞으로 나아갈 것이다.

> ### 아이의 마음을 채우는 한 마디
>
> ### "너는 앞으로 어떻게 하고 싶어?"
>
> 가정에서는 아이가 학교에서 힘든 것을 편안하게 말할 수 있는 분위기를 만들어주자. 엄마는 아이가 말할 때 아이의 눈을 바라보고 맞장구를 쳐주자. 학교에서 벌어지는 일을 감당해야 하는 사람은 아이다. 아이에게는 힘든 것을 말할 때 들어주고 편히 쉴 수 있는 그늘같은 사람이 필요하다. 엄마는 그 역할을 해줄 수 있는 사람이다. 아이의 말을 충분히 들어주고, 학교에서 어

떻게 행동하고 싶은지만 물어봐 줘도 된다. 방법은 아이가 차분해지면 생각해서 하나씩 찾아나갈 수 있다.

엄마의 마음 돌보기

"나는 언제, 무엇을 하면 에너지가 채워지지?"

엄마도 하루에 쓸 수 있는 에너지는 한정적이다. 아이와 있으면서 엄마의 에너지 배터리를 채우는 건 아주 중요하다. 그래야 아이에게 더 다정하고 친절한 말을 할 수 있다. 내 몸이 피곤하고 짜증이 나 있으면 마음과 다르게 말이 차갑고 뾰족해진다. 하루에 틈틈이 엄마의 에너지를 채우는 활동을 해주자. 에너지가 바닥났을 때는 아무것도 하지 않고 쉬는 시간을 가진다. 누워서 10분 팩하기, 멍때리기 같은 것을 해보자.

"밤에 뛰지 마, 살살 다녀!"
- 밤마다 에너지 넘치는 아이

오늘 밤에도 나는 빠르게 변신했다. 잔소리 대마왕으로. 다른 시간보다 아이에게 잔소리를 더 퍼붓는다.

"뛰지 마!"

"앉아서 놀아."

"살살 다니라니까."

밤이 되면 아이의 에너지는 폭발하는 것 같다. 다다다 뛰어다니고, 점프하고, 소파에서 뛰어내리기까지 한다. 공을 굴리고 튀길 때도 있다. 엄마가 잔소리할 때만 잠깐 멈춘다. 조금 뒤에 아이는 또 뛴다. 밤에는 소리가 낮보다 더 잘 울리니 아이가 시끄럽게 놀수록 마음의 소리가 들려온다.

'1층에 살고 싶다.'

'주택에 살고 싶다.'

당장 이사 갈 수 있는 형편이 아니고 아이가 집에서 마음껏 뛰어놀면 좋겠지만, 현실에서는 그럴 수 없다. 지금 내 상황에서 아이들과 할 수 있는 것을 찾아본다. 아이가 에너지 넘치고 잘 논다는 것은 건강하다는 의미다. 낮에는 아이가 어떻게 놀아도 괜찮다. 문제는 아이는 밤에도 여전히 시끄럽게 논다는 것이다.

아이에게 저녁이 되면 아랫집을 배려하여 조심히 놀아야 한다는 것을 설명한다. 내가 즐거운데 상대방이 불편하면 그건 나만 좋은 일이다. 다른 사람도 좋고 나에게도 좋은 것이 진정한 배려라는 것을 알려준다. 뛰는 것 말고도 나와 아랫집에 사는 사람 모두에게 좋은 놀이가 분명히 있다. 아이에게 조용히 하면서 놀 수 있는 방법을 만들어 보자고 제안한다.

1. 엄마의 마음

아이가 자꾸 시끄럽게 놀면 아랫집에 사는 사람들에게 미안하다. 아이는 낮에도 지치지 않는 에너자이저 같은데 밤에는 특히 힘이 더 넘친다. 그에 비해 나는 저녁을 차릴 때부터 피곤하다. 얼른 집안일을 마무리하고 쉬고 싶다. 나에게는 아이들과 놀아줄 여력이나 마음의 여유가 없다. 내가 집안일을 하는 동안 아이는 알아서 조용히 놀면 좋겠다. 몸이 피곤할수록 예민하고 날카로워져 아이에게 말이 곱게 나가지 않는다. 아이에게 같은 말을 반복할수록 화가 난다. 그러다 보면 나도 모르게 아이의 행동을 비난, 비판, 명령하는 말을 큰소리로 하게 된다.

> "엄마가 뛰지 말라고 몇 번을 말했어? 왜 이렇게 엄마 말을 안 들어?" `비난`
> "엄마가 아랫집에 피해 주지 말라고 했어, 안 했어? 배려 좀 하란 말이야." `판단과 조언`
> "뛰지 마. 살살 걸어. 앉아서 놀아." `명령`

2. 아이의 마음

노는 건 언제나 재미있다. 뛰어놀면서 즐겁다. 밤에는 안 자고 계속 놀고 싶다. 얼마 안 논 것 같은데 벌써 해가 졌다. 엄마가 살살 걸으라고 한다. 혼자 조용히 노는 것보다는 엄마랑 같이 노는 게 좋은데 엄마는 나랑 안 놀아주고 자꾸 일만 한다. 엄마랑 못 놀면 내가 즐거운 거 해야겠다.

3. 밤마다 에너지 넘치는 아이에게 배려를 알려주는 말

1) 놀고 싶은 아이의 마음을 알아준다

아이의 노는 모습을 감정과 연결해서 말해준다. 아이의 행동과 놀면서 느끼는 마음을 말하면서 거울처럼 비춰준다.

"뛰어놀고 있네. 노니까 재밌어?"

2) '배려'와 연결해서 뛰어놀 수 있는 시간을 알려준다

아이에게 시계를 보여주고 7시가 넘어가면 살살 걷기, 앉아서 놀기 등 시간에 따라 할 수 있는 활동을 정한다. 이때 행동을 해야 하는 이유를 '배려'와 연결 지어서 설명한다. 가정에 맞게 뛰어서 놀 수 있는 시간과 아이와 같이 노는 방법에 대한 규칙을 정하자. 시간을 잘 모르는 어린아이에게는 저녁을 먹은 뒤에 밖을 보며 설명한다. 그리고 엄마가 아이에게 시간으로 말해준다.

"쿵쿵거리면서 뛰어놀면 아랫집에서는 시끄러워. 다른 사람을 불편하지 않게 하면서 나도 즐겁게 노는 게 배려하는 거야. 지민이는 다른 사람을 배려하는 어린이야."
"우리 집에서는 7시가 넘어가면 뛰어노는 건 끝났어. 이제는 앉아서 노는 거야."

"저녁을 먹었으니까, 이제는 앉아서 노는 시간이야."
"밖을 봐. 깜깜하지? 지금은 7시야. 이제 뛰는 건 그만하자."

3) 아이가 놀이 방법을 생각하는 질문을 한다

엄마가 말해도 아이는 또 뛰어놀 수 있다. 이런 때에는 아이에게 질문한다. 아이에게 배려하는 것이 어떤 모습인지, 정해진 시간이 지나면 어떻게 놀아야 하는지를 물어본다. 그다음 엄마가 어떻게 행동하라고 지시하는 것보다는 아이가 다양한 놀이 방법을 생각할 수 있도록 묻는다.

> "7시가 넘었어. 이제는 어떻게 놀아야 한다고?"
> "배려하는 어린이는 어떻게 행동해야 한다고?"
> "쿵쿵거리지 않게 놀려면 무슨 놀이가 좋을까?"
> "아랫집을 배려하면서 노는 방법을 생각해볼래?"

4) 아이와 집중해서 노는 시간을 가진다

아이는 엄마와 놀고 싶어 한다. 5분이라도 아이에게 집중해서 놀아준다. 이 시간 놀이의 주체는 아이다. 아이가 하고 싶어 하는 놀이를 함께 한다. 학습적인 것과 연결하지 않고 아이에게 반응하며 시간을 보낸다.

엄마가 뭔가를 준비해서 하는 놀이보다는 간단하게 할 수 있는 것으로 아이와 놀아보자. 몸 놀이, 말놀이, 책 읽어주기를 할 수 있다. 몸 놀이할 때는 아이와 앉아서 몸으로 놀면서 스킨십하는 시간을 가진다. 아이 몸을 간지럽히기, 비행기 태워 주기, 다리 끼우고 코카콜라 놀이, 몸 전체를 눌러주기 같은 놀이를 할 수 있다. 책을 읽어줄 때는 아이가 좋아 하는 책, 읽어달라고 하는 책을 읽어준다.

> "엄마랑 뭐 하면서 놀고 싶어?"
>
> "엄마랑 앉아서 같이 놀까?"

5) 아이와 함께 집안일 하는 시간을 짧게 가진다

저녁을 먹고 난 뒤에 아이는 놀고 엄마는 밀린 집안일을 하기 쉽다. 하루에 1개, 10분이라도 아이와 집안일을 함께하는 시간을 가진다. 어린아이일수록 집안일을 놀이로 받아들인다. 아이도 쉽게 할 수 있는 집안일을 가르쳐 주고 가족의 일에 기여하고 있다고 알려준다.

또는 《공부 머리가 쑥쑥 자라는 집안일 놀이》를 참고해서 아이와 놀이처럼 집안일을 나누어 해보자. 초등학생에게는 집안일을 도와주면 용돈을 주는 것도 좋다. 아이에게 하고 싶은 집안일을 고르게 한다. 빨래 개기, 빨래 배달하기, 쓰레기 버리기, 밥 먹을 그릇 갖다 놓기, 학교나 유치원에서 쓴 물통 씻기, 가습기 물 채우기 같은 것들은 아이가 어려도 할 수 있다. 집안일을 할 때 아이에게 도와달라고 부탁하자. 그리고 아이가 집안일을 했을 때는 엄마를 도와준 것에 대해서 고마운 마음을 전한다.

> "엄마 빨래 개는 것 도와줄래?"
>
> "네가 도와주니 정말 좋아. 고마워."

"인생이란 궁극적으로 개개인 앞에 놓인 과제를 수행해 나가기 위한 책임을 떠맡는 것을 의미한다."

빅터 프랭클이 나치 수용소에서의 경험을 글로 쓴《죽음의 수용소에서》에 나온 문장이다. 육아란 엄마에게는 아이를 키우며 책임을 떠맡는 시간이다. 아이 역시 엄마 곁에서 책임감을 배우고 있다. 아이는 다른 사람과 상호작용하면서 배려를 익히고 놀면서 다른 사람을 배려할 수 있는 행동의 범위를 알게 된다. 아이의 옆에서 친절하게 알려주고 연습할 수 있도록 환경을 만들어주고 도와주는 것은 엄마의 책임이기도 하다. 아이가 배워야야 할 일을 재미있게 알려주고 연습할 수 있는 방법을 아이와 같이 찾아보는 것은 어떨까?

아이의 마음을 채우는 한 마디

"엄마랑 뭐 하면서 놀고 싶어?"

아이와 같이 5분이라도 집중해서 놀자. 이때 학습적인 것을 생각하거나 많은 준비가 필요한 놀이보다는 아이가 하고 싶은 것으로 함께 웃는 시간으로 보낸다. 아이는 언제라도 엄마와 놀고 싶어 한다. 아이가 엄마와 노는 시간에 마음에 사랑이 채워질수록 다른 사람을 배려하는 행동도 배울 수 있다.

"나는 어떤 사람이 될지 선택할 수 있어."

"근본적으로 어떤 사람이라도, 심지어는 그렇게 척박한 환경에 있는 사람도 자기 자신이 정신적으로나 영적으로 어떤 사람이 될 것인지를 선택할 수 있다는 말이다."

《죽음의 수용소에서》에서 나오는 글귀다. 버겁고 힘든 육아에서 내가 어떤 사람으로 살지 결정할 수 있다. 아이가 무슨 행동을 보이든 괜찮다. 경험하며 배우기 때문이다. 이때 나는 아이에게 어떤 가치를 가르쳐줄지, 어떤 방법으로 알려줄지를 상황에 맞게 고를 수 있다. 내가 아이에게 해줄 말, 태도, 표정은 공부하고 연습하면서 바꿀 수 있다.

8

"너도 걔랑 놀지 마"

- 거절을 어려워하는 아이

"엄마, 친구가 나 싫대요. 나랑 안 논대요."

둘째 아이를 데리고 집에 오는 길이었다. 아이가 시무룩한 표정으로 말했다. 오늘은 좋아하는 친구와 놀지 못했나 보다. 놀고 싶은 사람에게 "너랑 놀기 싫어!"라는 말을 들으면 속상하다. 아이의 말은 내 마음을 흔들어 놓는다. 아이가 한 말에 내 과거의 경험이 이어서 떠오른다. 나도 학창 시절에 친구가 나랑 놀기 싫다고했을 때 속상했던 적이 많았다. 나는 성인이지만 여전히 타인에게거절 받는 말을 들으면 힘들다. 우리 아이도 나처럼 친구 관계에서 거절을 어려워하면 어쩌나 앞날에 대한 걱정까지 더해진다.

아이들은 놀면서 쉽게 토라지고 싸우다가 금방 화해한다. 금세 아무 일 없다는 듯이 어울려서 논다. 아이들이 "너 싫어."라고 말했다고 해서 평생 그 아이를 싫어한다는 의미가 아니다. 어른들이 느끼는 타인을 향한 '좋다, 싫다' 무게와 차이가 있다. 아이는 지금 자기의 욕구를 채우는 게 가장 중요하다. "너 싫어, 너랑 안 놀아."는 크게 두 가지 뜻으로 볼 수 있다.

첫째는 지금은 다른 친구랑 놀고 싶어, 둘째는 다른 것을 하면서 놀고 싶어라는 뜻이다. 이것을 엄마가 심각하게 받아들이면 문제가 꼬일 수 있다. 아이는 자라면서 많은 친구를 사귈 것이고, 타인과 건강한 관계를 맺는 법을 배워야 한다. 아이가 타인과 건강하게 관계를 맺도록 도와주려면 어떻게 말해주어야 좋을까

1. 엄마의 마음

아이에게 친구가 나를 싫어한다는 말을 들으면 엄마의 기분도 좋지 않다. 엄마가 과거에 친구 관계로 힘들었던 적이 있다면 아이의 말에 과하게 감정이입을 해 아이보다 더 속상할 수 있다. 이러다 우리 아이가 친구에게 소외되고 상처받으면 어떡하나 하는 마음이 든다. 아이의 앞날까지 걱정스럽다. 아이의 마음이 단단해져서 다른 사람의 말에 쉽게 휘둘리지 않기를 바란다. 속상한 마음에 아이에게 조언, 아이의 감정 무시, 명령, 해결책 제시로 표현하게 된다.

"너도 개랑 놀지 마. 그냥 무시해." 조언

"친구 말에 너무 신경 쓰지 마. 별거 아냐." 아이의 감정 무시

"친구가 너 싫다고 하면 너도 같이 싫다고 말해." 명령

"싫다고 하는 친구랑 뭐 하러 놀아. 다른 친구랑 놀면 되지." 해결책 제시

2. 아이의 마음

친구와 노는 게 재미있다. 나는 이걸로 같이 놀고 싶은데 친구는 다른 것으로 놀고 싶다고 한다. 친구가 내 말을 따라주면 좋겠다. 친구가 나랑 노는 게 싫다고 하면 속상하다. 생각나서 엄마에게 말했을 뿐인데 엄마는 과하게 반응한다. 그냥 들어주면 좋겠다. 엄마가 친구에 대해서 이래라저래라 조언하고 참견하는 건 싫다. 엄마에게 괜히 말했다. 다음에는 말하지 말아야겠다.

3. 거절을 어려워하는 아이에게 필요한 관계 잘 맺는 말

1) 타인에게 거절 받았을 때 엄마의 마음이 어떤지부터 살핀다

엄마가 타인의 거절을 어려워하고 있지 않은가? 나는 다른 사람이 거절하는 게 두려워서 부탁하는 말도 잘하지 못했다. 거절 받으면 내 존재가 거부당하는 것 같았다. 위축되었고 두려웠다.

거절을 스스로의 존재와 연결할수록 마음이 힘들어진다. 우리의 마음은 변화무쌍하다. 어제 좋았다가 오늘 갑자기 싫어질 수 있다. 내 마음도 내가 어찌할 수 없을 때가 있는데 상대방은 오죽할까. 거절을 그 사

람의 의견이자 현재 다른 것에 집중하고 싶다는 욕구로 바라본다. 누구든 자기의 마음을 표현할 수 있다. 그것을 어떻게 받아들일지는 내 문제다. 거절에 대해서 편안한 마음을 가질 수 있도록 자신에게 말해준다.

> "누구든 거절할 수 있어. 다른 사람의 의견일 뿐이야."
> "나도 싫으면 거절할 수 있어."

2) 아이의 일로 바라보고 아이의 마음을 알아준다

먼저 아이와 엄마의 일을 구분한다. 엄마가 아이가 해야 할 행동을 알려주거나 문제로 여겨서 해결하려고 나서지 않는다.

아이에게 하고 싶은 말이 있어도 속으로만 말한다. 오직 지금 내 앞에 있는 아이에게만 집중한다. 아이가 한 말을 메아리처럼 따라 하거나 아이의 욕구에 초점을 맞춰서 말해준다. 아이의 마음이 괜찮은지 물어본다.

> "친구가 너랑 놀기 싫대? 그러면 너도 놀지 마."
> "너도 똑같이 친구한테 놀기 싫다고 말해. 다른 친구랑 놀아" ⊗

> "친구가 너 싫다고 같이 안 논대? 그랬구나."
> "친구와 같이 놀고 싶었구나. 그러지 못해서 속상하겠다."
> "그런 일이 있었구나. 괜찮아?" ◯

3) 아이가 생각을 전환할 수 있도록 질문한다

아이는 '좋다, 싫다'라고 표현할 수 있다. 사람의 마음은 언제라도 변화무쌍하게 바뀐다. 어릴수록 타인의 마음을 생각하기보다는 자기의 욕구가 중요하다. 자기중심적으로 판단하고 있는 그대로 솔직하게 말한다.

거절은 상대방의 욕구 표현이다. 친구가 아이의 존재를 거부한다고 받아들이는 건 내 해석이다. 아이가 다른 방법으로 즐겁게 놀 수 있도록 질문한다.

> "친구가 오늘은 다른 걸 하면서 놀고 싶나 보다."
> "친구는 다른 친구와 놀고 싶다고 하면 너는 뭐하면서 놀고 싶어?"
> "뭐하면서 놀면 재미있어?"

4) 아이에게 건강하게 거절하는 방법, 자신의 마음을 지키는 방법을 알려준다

아이에게 거절을 연습시킨다. 다른 사람의 부탁을 무조건 들어주는 건 좋은 태도가 아니다. 아이가 자기의 욕구를 표현할 수 있도록 도와준다. 최종 선택과 결정은 아이에게 맡긴다.

아이가 친구 관계에서 자기의 마음을 지키는 방법을 익히고 연습하는 것도 필요하다. 아이가 자라면서 자기와 결이 맞는 친구를 사귀는 법도 알게 된다. 엄마는 아이의 편이 되어 아이가 친구 문제로 힘들어할 때 언제라도 말할 수 있는 존재가 되어준다.

> "네 마음을 솔직하게 말할 수 있어. 지금 네가 하고 싶은 게 무엇인지 말해주면 돼."
>
> "네가 싫다고 해도 듣지 않는 사람도 있어. 그럴 때는 다른 친구와 노는 것도 방법이야."
>
> "친구가 너에게 상처 주는 말을 계속하면 마음이 점점 힘들 수 있어. 친구 사이에서 네 마음이 괜찮은지가 제일 중요하거든. 그런 친구와는 거리를 두어도 괜찮아."

"인생의 성숙은 천천히 이루어진다. 수많은 장애를 극복하고, 심각한 병이 치유되고, 많은 절망을 뛰어넘은 후 자신도 모르는 사이에 이루어지는 것이다."

생텍쥐페리가 이렇게 말했다. 아이는 타인과 관계를 맺으면서 많은 것을 배운다. 마음이 조금씩 성숙해진다. 인간관계의 고민은 어른이 되어도 끝나지 않는다. 다양한 사람과 관계하면서 많은 어려움을 만나고 이겨나가는 여정을 이어간다.

이때 엄마가 어떻게 거절을 받아들이는지 알려주는 게 중요하다. 엄마가 느끼는 감정을 아이가 고스란히 흡수하기 때문이다. 타인의 반응에서 내 마음을 지켜주는 것은 내가 할 일이다. 나는 타인을 거절하고 마음에 상처를 주는 사람과 거리를 둘 수 있다. 타인과의 관계에서 아이가 스스로의 마음을 지키는 법을 어릴 때 알려주자.

아이의 마음을 채우는 한 마디

> **"네 마음을 솔직하게 말할 수 있어.**
> **지금 네가 하고 싶은 걸 말해주면 돼."**

엄마는 아이가 친구 관계로 힘들어할 때 와서 편안히 말할 수 있는 존재가 되어주면 된다. 아이가 자신을 지키며 인간관계를 할 수 있도록 도와주자. 친구가 놀기 싫어한다고 말할 때뿐만 아니라 자기의 마음을 친구에게 말하는 것도 경험해야 할 수 있다. 건강한 인간관계는 타인의 의견을 내 존재와 연결하지 않으며 자신의 욕구를 말로 자연스럽게 표현하면서 만들어가는 것이다.

엄마의 마음 돌보기

> **"거절할 수 있어. 그 사람의 의견일 뿐이야.**
> **내 마음은 내가 지켜줄 거야."**

상대방의 표현 방식에 따라서 다르게 느낄 수 있다. 상처가 되었을 때는 그 사람의 의견인지 사실인지로 나누어서 구별하자. 사실과 의견을 구분하는 것만으로도 마음이 가벼워질 수 있다.

거절하는 게 어렵다면 스스로 응원의 말을 해주자. 거절도 연습이다. 무조건 "Yes"를 외치면서 나를 힘들게 하고 있다면 이제는 "No"를 이야기해 보자.

괜찮아요.
아이는 잘 클 거예요

"아랫부분은 엄마만 읽으세요."

첫째 아이가 수줍게 편지를 내밀었다. 아이가 어버이날을 맞이해서 써온 거였다. 겉표지에는 하트가 잔뜩 그려져 있었다. 안에 무슨 내용이 담겨있을지 궁금했다. 아들이 쓴 편지 내용은 이랬다.

"엄마 저를 키워주셔서 감사해요. 제가 엄마 말을 잘 듣지 못해서 죄송해요. 제가 책을 읽을 때는 저를 부르지 말아 주세요. 책을 읽고 있으면 엄마 말이 잘 안 들려요. 대신 책을 안 읽을 때 부르면 잘 대답할게요."

아이의 편지를 보고 한참 웃었다. 문득 내가 아이를 잘 몰랐다는 것을 깨달았다. 그동안 첫째 아이는 책을 읽을 때 내가 부르면 대답하지 못했다. 나는 아이의 행동을 비로소 이해하게 되었다. 아이를 안아주며 말했다.

"엄마에게 멋진 편지를 써줘서 고마워. 하민이가 책 읽을 때 어떤지 몰랐어. 미안해. 앞으로 책 읽을 때는 네 이름을 부르지 않도록 노력할게. 대신 급하게 해야 할 말이 있으면 네 몸을 톡톡 쳐서 엄마의 눈을 보면 말할게. 그럼 어때?"

"네! 좋아요!"

아이는 솔직하게 마음을 표현하고 나는 그 마음을 있는 그대로 들어줄 수 있었다. 거기에서 우리에게 맞는 해결책도 찾았다. 물론 처음부터 이렇게 할 수 있었던 것은 아니었다. 내가 먼저 엄마의 말을 공부하고 실천하며 바꿀 수 있었다.

《엄마의 말하기 공부》 책을 쓰면서 나에게는 두 가지 큰 변화가 일어났다.

첫째, 부모님을 원망했던 마음이 많이 사라졌다. 그동안 엄마가 다르게만 해줬어도 내가 지금 같지 않았을 거라는 생각을 해왔다. '우리 엄마가 나를 할머니 댁에 맡기지 않았다면 내가 버림받는 두려움을 덜 느꼈을 텐데.', '엄마가 나에게 화내며 말하지 않았다면 내가 눈치를 덜 보며 자랐을 텐데.' 두 아이의 엄마가 되어 육아에서 어려움에 부딪힐 때 엄마 탓을 했다.

하지만 엄마는 최선을 다해서 나를 키웠다. 그때는 우리 집 형편이 아주 어려웠고 두 아이를 잘 먹이고 입히기만 해도 좋겠다는 게 우리 엄마의 바람이었다. 그런 상황에서 아이의 감정까지 어떻게 세심하게 챙겨줄 수 있었겠는가. 지금처럼 육아 정보가 넘치는 시대도 아니었다. 엄마는 애쓰며 나를 사랑으로 키운 거였다.

자라면서 엄마에게 받지 못한 것은 내가 채우면 된다. 지금은 육아에 대해 친절하게 알려주는 책, 영상, 강의가 넘쳐난다. 실력이 부족한 분야를 정하고 공부하면서 바꿀 수 있다. 과거에 매여서 부모 탓, 상황 탓, 남 탓을 할 시간에 지금 우리 아이와 좋은 관계를 맺으려 노력하는 게 더 낫다.

둘째, 내가 부족한 것은 아이와 하나씩 맞춰나가면 된다. 아이와 엄마 모두 완벽한 존재가 아니다. 지금까지 아이에게 상처준 것이 있다면 솔직하게 사과하고 엄마가 바뀌겠다고 아이에게 도와달라고 요청해도 괜찮다. 또 어떤 말이 아이에게 상처를 주었는지, 어떤 말을 들으면 사랑받는다고 느끼는지는 아이에게 물어보면 아이가 아주 잘 알려준다.

육아서를 읽고 강의를 들으며 아이와 좋은 관계 맺을 수 있는 다양한 아이디어를 손쉽게 얻을 수 있지만 이런 것들이 우리 아이에게 맞을 수도 있고 틀릴 수도 있다. 오죽하면 육아에 정답이 없다고 하겠는가. 밖에서 찾느라고 헤매지 말고 내 아이의 눈빛, 말, 태도에 집중하며 육아하면 된다. 답은 아이에게 있다.

아이와 함께 찾는 게 가장 좋다. 엄마와 아이가 한 팀이 되어서 문제를 해결할수록 아이는 건강하게 잘 자란다. 이 과정을 거치면 엄마도 성숙해진다.

> "만일 내가 인생을 다시 산다면
> 이번에는 용감히 더 많은 실수를 저지르리라.
> 느긋하고 유연하게 살리라.
> ... (중략)
> 어쩌면 실제로 더 많은 문제가 있을 수도 있겠지만
> 일어나지도 않을 걱정거리를 상상하지는 않으리라."
>
> - 나단 스테어의 시 〈내가 만일 인생을 다시 산다면〉 중에서

아이를 키우다 보면 해결해야 할 문제를 수없이 만난다. 아이와 관련된 일어나지도 않을 걱정을 하며 밤을 지새우기도 한다. 그럴수록 자꾸 육아가 버겁고 힘겹게만 느껴진다. 엄마가 선생님이 되면 미숙한 아이에게 가르쳐야 하니 말이 많아진다. 이것도 가르쳐야 하고, 저것도 가르쳐야 할 것 같다. 엄마의 말이 길어질수록 아이는 귀를 닫고 마음도 닫아버린다. 자기도 할 수 있는데

엄마가 믿어주지 않는다고 여긴다. 아주 많이 사랑해서 잘되었으면 하는 마음에 한 말이 아이에게 상처가 되어 부모와 아이 사이가 물과 기름처럼 섞이지 않는 관계가 될 수 있다.

그러니 지금 우리 아이가 사랑받고 있다고 느끼는 말을 하는 데 집중하자. 아이가 나와 함께하는 동안에 정서 통장에 사랑을 가득 채워주자. 내가 지금까지 아이에게 잘 못해준 것에 대한 과한 반성과 자책은 내려놓으면 좋겠다. 대신 아이 앞에서 더 용감히 실수를 저지르고 배우고 느긋하고 유연하게 육아를 해나가자. 그래도 괜찮다. 아이는 실수에서 배우고 변화하는 엄마를 보며 잘 자랄 것이다.

무엇보다 아이 앞에서 많이 웃고 행복해하는 엄마의 모습을 더 많이 보여주자. '우리 엄마는 나 키우며 힘들어했어. 나는 엄마를 힘들게 한 아이야.' 하고 엄마를 아이가 기억한다면 얼마나 슬프겠는가. 아이는 엄마를 세상에서 제일 사랑한다. 엄마가 행복하고 기뻐하면 같이 행복해한다. 엄마의 사랑을 마음에 담은 아이는 분명히 잘 자랄 것이다.

"엄마가 행복하면 나도 행복해. 나도 엄마처럼 행복한 어른이 될 거야."

엄마의 말하기 공부

초판 1쇄 발행 2023년 9월 22일

지은이　지에스더
펴낸이　최현준

편집　이가영, 구주연
디자인　김소영

펴낸곳　빌리버튼
출판등록　제 2016-000166호
주소　서울시 마포구 월드컵로 10길 28, 201호
전화　02-338-9271
팩스　02-338-9272
메일　contents@billybutton.co.kr

ISBN　979-11-92999-17-3 (03370)